蔦屋重三郎
江戸を編集した男

田中優子

JN243998

文春新書

1472

故　松岡正剛氏に捧ぐ

はじめに

蔦屋重三郎《つたやじゅうざぶろう》は一七五〇年（寛延三）に新吉原（いまの浅草寺裏の千束四丁目）で生まれ、一七九七年（寛政九）に亡くなった版元、つまり出版業者である。本姓は喜多川で、名を珂理《からまる》と言い、屋号が蔦屋で、店の名を耕書堂と称した。狂歌連での狂名は蔦唐丸《つたのからまる》である。父は尾張出身の丸山重助、母は江戸の廣瀬津与。数え年七歳の時に母が家を出たという。

重三郎は養子に入ったので、自身の姓は喜多川になった。そして一七七三年（安永二）ごろ、新吉原大門口《おおもんぐち》五《ご》十間道《じっけんみち》に貸本、小売りの本屋を開店した。

なぜ作家ではなく出版業者であるのに、後世にまで名を知られているのかといえば、北川勇助という青年を、世界的に著名な「喜多川歌麿《きたがわうたまろ》」に育てたからである。また能役者・斎藤十郎兵衛という芝居好きの人物から才能を引き出し、「東洲斎写楽《とうしゅうさいしゃらく》」という浮世絵師にしてしまったからである。サブカルチャーとしての江戸文化を活性化した江戸っ子の代表「山東京伝《さんとうきょうでん》」を、危険なほどに先鋭化させたからである。その結果として、重三郎自身、「財産半分没収」という処分を受けた。

他にも、蔦屋重三郎の店には黄表紙を作り上げた恋川春町《こいかわはるまち》や、パロディの天才大田南畝《なんぽ》＝四《よ》方赤良《ものあから》＝蜀山人《しょくさんじん》や、葛飾北斎《かつしかほくさい》が出入りし、十返舎一九《じっぺんしゃいっく》がアルバイトし、曲亭馬琴《きょくていばきん》が番頭として働いていた。蔦屋耕書堂は、江戸文化を代表する人たちが才能を発揮する「場」だったのだ(図1)。つまり、蔦屋重三郎を語ることは、江戸文化を語ることになる。ここで言っている江戸文化とは、江戸時代前半の上方文化ではなく、後半に開花した「江戸の」文化である。

蔦屋重三郎は一七九七年に満四七歳で亡くなった。山東京伝のその後の活動や、十返舎一九、曲亭馬琴、葛飾北斎の活躍時代を見ていないが、蒔いた種が芽を出し葉が繁るように、重三郎ゆかりの人々が、その後の江戸文化を支えていった。蔦屋耕書堂は一八六一年(文久元)まで続いたが、その後途絶えて今日に至る。

蔦屋重三郎は生涯、経営者としての版元であるだけでなく、優れた「編集者」であった。編集には、その先への「たくらみ」がある。

たくらみは「企」と書き、つまりは「企画」「目標」「目的」と呼んでも良いわけだが、「企画」は企業のものとされ、「目標」は営業マンのものとされ、「目的」は政治家のものとされる。そのどれもが「カネ」を得るためだ。しかし編集者にカネは降ってこない。カネがかかるだけである。

では蔦屋重三郎の編集は、何をたくらんだのか? 上方から伝わり、江戸で生まれ変わった江戸っ子のための江戸文化を、メインカルチャーとしての上方伝統文化に対峙した、堂々たる

図 1 北斎の描いた日本橋通油町・絵草紙屋の蔦屋耕書堂

看板に蔦屋の家紋が見られる。

『画本東都遊』1802 年（享和 2）より

サブカルチャーとして作り上げ、守ることだった。

その時「守る」とは、まだ「表現の自由」という言葉を持たない時代における、幕府の「治世完璧主義」から守ることである。つまりは秩序優先、事なかれ主義の権力と対峙することだ。蔦屋重三郎の根の国すなわち生まれ育った場所は、吉原である。吉原は「悪所」と呼ばれた。芝居町もまた、「悪所」であった。悪所に生きる者たちこそ、悪所を守る気概を持っていたのである。悪所には江戸文化が凝縮していた。しかしそれは、権力に立ち向かう「思想」などではない。江戸文学を深く理解していた作家の石川淳の言い方にならえば、そんなふうに思った途端、つるりとすべって小バカまわしにされる。彼らは思想においてではなく、日常生活において「別世《べつよ》」を作ってしまったのだ。

政権や常識に反対表明しつつ対抗言語を掲げること、つまり「声を上げ続けること」は、現代ではとても大事なことだ。そうしないと、別の価値観があり得ることに気づいてもらえないからである。江戸では、どうしたか。編集したのである。境界を定め、地図を作り、集め、結合し、相似したものを見つけ、比喩し象徴し見立て、競わせ、装飾し、強調し、俳諧（諧謔《かいぎゃく》）化し、哄笑し、気がついたら政権の思惑とは全く違う世界が、悪所にはできていた。喜ぶべきことに、浮世絵や本を売る絵草紙屋も「悪所」のひとつになっていた。

そんなことをしないで政権を奪取すれば良いのに、と現代の闘士は思うだろう。実際それをやったのが明治維新である。

明治維新は革命ではない、という人がいるが、当の藩士たちは長年倒したかった幕府を倒したのだから、彼らにとっては革命である。しかしその結果何をしたかというと、幕府の権威への依存を、天皇の権威への依存に入れ替えただけで、前代未聞の天皇制中央集権国家を作り上げ、琉球処分、日清戦争、日露戦争、韓国併合、第一次世界大戦、シベリア出兵、満州事変、日中戦争、太平洋戦争と、立てつづけに戦争と侵略をおこなった。その間に実施した言論・芸術弾圧は江戸幕府の比ではない。こういう革命なら、もうごめんである。

江戸っ子たちも江戸の幕臣や武士たちも、そういうことはしなかった。

雪ふれば炬燵櫓《こたつやぐら》に盾こもりうつて出づべきいきほひはなし

ねてまてどくらせどさらに何事もなきこそ人の果報なりけれ

これは幕臣、大田南畝の狂歌である。皮肉でも韜晦《とうかい》でも負け惜しみでもない。この通り、なのだ。まずは、こたつの中で寝ていられる社会を作ったのは江戸幕府である。それは見事だった。世界では戦争し続けているのに、二五〇年間にわたる「戦争のない国」を作ったのである。

偶然ではない。決断して作った。しかしそうするには、国内を強引にでも、まとめねばならない。二七〇以上ある大名家を反発が起きないよう巧みに懐柔し、あらゆる乱を抑え、外国からの援軍要請を断り、幕臣・藩士には学問を身につけさせ、物資の流通を盛んにし、「ものづくり」を盛り上げ、全国の交通網を整え、そして出版と悪所を自己管理させた。つまり、まだ民主主義という言葉も人権という概念もない時代、平和を守るために政治思想を行きわたらせ、「管理」したのである。

平和だが、息苦しい社会だ。特に規則に縛られていた武家社会では、給与の単位である「家」は絶対に守らねばならなかった。家が潰れれば家族および家臣全員が生きていかれなくなる。そこで、基本組織である「家」の内部にはそれぞれの「役割」があった。全体を統括する主人、その妻、隠居した父母、後継たる長男、他家との繋がりに役立つ次男以下および娘、万が一後継がいない時のために子供を産む妾、幼少期の子供の世話をする乳母、そして家臣たちである。

商家もやがて、同じような役割分担をするようになった。子供は今日のように独立した人権がある、とは考えられていなかったので、家に役立つ役割を果たすために生きるべきだった。そこで結婚は政略結婚となり、家が経済的困窮に陥れば、娘は自分を遊廓に売って借金をしたのである。遊廓は家族制度に不可欠だった。「役割」意識と、そこに醸成された「親孝行」の倫理、女性の「自己犠牲」の美意識、その全てが遊廓の経済構造を成り立たせたのである。

遊廓はその経済構造の上に、その息苦しさを解放する別世界として、徐々に濃く深い存在になっていった。無論、顧客にとって、である。そこで、想定外のことが起こった。妓楼や茶屋の経営者たちは、平安時代以来の日本文化を、まるで平安京のような碁盤の目状に作られた吉原遊廓に、再現したのだった。和歌、書、琴、香道、生け花、茶の湯、双六、囲碁、漢詩、俳諧等々。それを担う遊女たちは、公家か、大名の娘たちか、と見まがう品格をそなえた。

平安時代の歌合せの現場は、江戸の市井に移（写）されて狂歌連が無数に生まれた。連歌の場はすでに俳諧の座になっていた。花鳥風月雪月花は浮世絵になった。歌舞伎役者たちは、『平家物語』や『太平記』の登場人物になって舞台を縦横無尽に動き回った。時間空間が自由自在に重ね合わされ、つなぎ合わされるこの江戸時代の文化を、そのような「別世」に演出した主役が、出版業であった。そこに蔦屋重三郎が現れた。

本書ではまず、印刷や出版の歴史を踏まえて、蔦屋重三郎が生まれ育った時代が、江戸時代の中でいかなる時代だったのかを考えてみる。幼少期に心に刻みつけたことが、彼の編集の原動力になっていると思われるからだ。

次に、吉原を本という媒体の中でどう編集したのか、実際の本を使ってその方法を見てみる。

蔦屋重三郎の場合、その拠点となっていた吉原の編集にこそ、「たくらみ」すなわち編集意図が現れているからである。

さらに、天明狂歌という、前代未聞の江戸人たちの活動を見ていく。これは、高位の武士、下級武士、大商人、さまざまな町人、職人、役者、浮世絵師、遊女などが「狂名」で参加した文化運動である。その渦の中で成し遂げた蔦屋重三郎の狂歌本の編集は、「狂歌師の編集」でもあった。俳諧がそうであったように、狂歌も個人のみの営みではなく、古代以来の「宴《うたげ》」と「歌合《うたあわせ》」の型を使った「連」で生み出された。そこには集め、結合し、見立て、競わせ、俳諧(諧謔)化する編集が生きている。狂歌師の編集は連を活性化し、連の活性化は他のジャンルに及んだのである。重三郎は自ら狂歌連の一員になり、狂歌と浮世絵を一体化させた狂歌本を編集した。ここに、幼少期に心に刻みつけたであろう、多色刷り時代の高揚感が見える。

その狂歌師との合わせわざ編集が、高度なプロフェッショナルの浮世絵師・喜多川歌麿を育てた。絵入狂歌本が、当時最高の線を描いた歌麿と、歌麿とともに仕事をした彫師・摺師など職人の居場所となり、そこからやがて、歌麿の美人画が出現したのである。

もう一つの悪所である芝居町でも、やはり大量の芝居浮世絵がつくられ、絵草紙屋から販売されていた。当時の売れっ子浮世絵師は歌川豊国で、芝居は老若男女さらに子供まで人気があったから、豊国を中心に、芝居浮世絵は芝神明前の伊勢屋や和泉屋で大量に売り捌《さば》かれていた。

そこに蔦屋重三郎はアマチュア絵師・東洲斎写楽の個性をぶつけた。本も浮世絵も編集によって、従来からあって馴染んできたものに異質なものを投げ込み驚きを与えることができた。写楽の役者絵は、馴染んできた豊国の役者絵に対し、その輪郭をカリカチュアライズして強調し、人々が実際は何を見ているのか気づかせた。カリカチュアライズはフェイクではなく、事実への気づきである。しかし前衛はいつまでも前衛ではいられない。驚きは長くは続かない。写楽は短期間で浮世絵の世界を去ったが、そこに示された「視覚は変わり得る」という事実は、江戸文化全体に通じることだったのだ。

本書では、「蔦屋重三郎の編集」とはどういう特徴があったのか、そもそも「編集」とは何か、縦横に語っていきたい。

蔦屋重三郎　江戸を編集した男

◎目次

I　何人もの蔦屋重三郎

古代から江戸時代まで

蔦屋重三郎のような出版業者・編集者は、突然出現したわけではない。その基盤には、日本の印刷や出版の長い歴史がある。その歴史の上で、京都、大坂、江戸の出版業者たちが、新しい印刷技術や新たなジャンルを後の世代に次々と受け渡しながら、蔦屋重三郎に至るのである。日本の印刷技術の歴史はとても長い。そこには、古代から何人もの〝蔦屋重三郎〟がいたに違いない。

七六四年（天平宝字八）、日本で木版あるいは銅版印刷による百万塔陀羅尼が作られた。西欧の活版印刷がプロテスタンティズムの拡大のために発展したように、東アジアにおける印刷技術は仏教を通して発展したのである。百万塔陀羅尼とは、百万基の木製の小さな塔に、陀羅尼経を納めたものである。塔は高さ二一センチほどで、基底部は直径一〇・六センチほどの円形。そこに、幅五・五センチの紙を繋げて経を印刷し、百万枚も刷って入れた。とてつもない数だ。仏教を広めるために「印刷しよう！」と考えついた、蔦屋重三郎みたいな人が、古代にもいたのだ。僧侶であったろうから商いのためではない。

だが「印刷」という行為の動機は「複製することによって多くの人に行き渡らせる」ことであるから、そこには「企図」があり、手にとりやすく持ちやすい「小さな塔」という器のアイデアも複製技術に合っている。百万塔陀羅尼は、制作年が明確な現存最古の印刷物だ。

一方、仏の絵の印刷物は次第に増え、その印刷物に手で色をつけることもおこなわれた。文様を紙に印刷して、そこに文字を書くことも始まった。

一四世紀には中国の僧が日本の寺で印刷物を刷る。京都五山を中心に禅僧が刊行した「五山《ござん》版《ばん》」の始まりである。一六世紀には、堺の医師が出した私家版の医学書や、奈良の饅頭屋で歌学者の林宗二が出した私家版の百科事典『節用集《せつようしゅう》』（一五七三年ごろ）が印刷出版される。

一五九〇年（天正一八）には、アレッサンドロ・ヴァリニャーノが天正遣欧少年使節とともに再来日する際、活版印刷機を持参し、キリシタン版の活字印刷が始まっている。このときアルファベット活字を参考にひらがな活字、とくに連綿体《れんめんたい》活字（複数の文字が続いている活字）が作られた。これも面白い。

ここにもキリシタン版蔦屋重三郎がいたのであろう。カトリックを布教するために、ひらがな活字を作って印刷したのだ。どのくらい刷られたか今となってはわからないが、相当な数が印刷されたと想像できる。

ほぼ同じ時代の一五九二年（天正二〇）、朝鮮侵略戦争の際、日本人は数十万以上の活字をソウルから奪ってきたと言われている。活字はそもそも中国で発明され、ヨーロッパに伝わって活版印刷技術になった。同時に朝鮮半島に伝わって、『大蔵経』が大量に印刷された。朝鮮銅活字の技術は世界でも一流だった。早くからその銅活字に興味を持っていたのが、徳川家康である。徳川家康は印刷技術を広めることに余念がなく、晩年まで駿河版《するがばん》銅活字を作って、印刷技術の普及に努めた（図2）。家康は、戦国時代の蔦屋重三郎なのである。

図 2 駿河版銅活字
（印刷博物館 HP）

その後の印刷で使われたのは、これらを手本として作られた木活字であった。日本製の木活字によって、民間業者が『天台四教義集解』『法華玄義序』を出している。恐らく仏教界が出資者であろうが、民間の業者つまり出版社が出現したのである。

『四書（大学・中庸・論語・孟子）』、『日本書紀神代巻』、有職故実書の『職原抄《しょくげんしょう》』は、天皇が

出資者となった勅版で、家康による伏見版の『標題句解孔子家語』などは、武家の子弟の教育のための教科書作成を目的としている。いよいよ教育を政策とする国になりつつあった。

江戸時代に入ると、一六〇二年（慶長七）に、早くも京都の冨春堂《ふしゅんどう》という業者が活字で『太平記』を刊行する。もはや仏教界とは離れて、市場に売り出すためのものだ。この冨春堂が、まさに江戸時代最初の蔦屋重三郎的なる人だったろう。本が娯楽として多くの人の手にわたる「商品」になると直感して出したに違いなく、どんな人だったのか、大いに興味が湧く。

一六〇六年（慶長十一）には、豊臣秀頼が中国の皇帝の善例悪例を記した『帝鑑図説《ていかんずせつ》』を活字で刊行している。公家文化に詳しく、名筆家だったとも言われる秀頼が出資したこの本は、古活字本で最初の絵入り本だった。活字と絵とが、初めて本の中で編集され合体したのである。これは、本の可能性を大きく広げた。絵入りにすることで、より多くの人が手に取り、本に親しむことになる。

もともと日本では絵巻が大量に作られた。目で楽しむメディアに古代から親しんできたのだ。しかし絵巻は手書きであるから限られた数しかなく、主に貴族階級に普及するのみだった。それが印刷となると、武士も庶民も手に取ることができる。それを実行したのだから、豊臣秀頼も蔦屋重三郎的なる人だったのかも知れない。

「光悦本」に結実

やがて、キリシタン本が切り開いた平仮名連綿体活字、京都における活字本による出版業者の出現、活字本と絵との合体、これらがついに、ある一点に結実した。「光悦本《こうえつぼん》」の登場である。俵屋宗達《たわらやそうたつ》や本阿弥《ほんあみ》光悦《こうえつ》の存在は、単に琳派という芸術グループを生み出しただけではなく、その後の江戸文化に決定的な影響を与えた。本阿弥光悦はこの、日本における活字文化の発祥の時代に、大きな時代の変化を見て取った。そして自分の字を活字時代に適応させるべく、活字「フォント」に仕上げたのだ。

本阿弥光悦は、当時「寛永の三筆」の一人で、その文字は人気があり、よく知られていた。その柔らかい丸い文字には、誰にも書けない個性がある。いわば光悦の一部であり、光悦の才能そのものである。しかし光悦はその自分の文字を当たり前のように自分から切り離し、活字フォントの中にそれを入れ、自分のアバター（分身）としたのである。

これを「光悦本」または「嵯峨本《さがぼん》」という。出資者は大富豪の角倉素庵《すみのくらそあん》だ。

その嵯峨本であるが、『伊勢物語』（図3）『徒然草』『観世流謡本《かんぜりゅうたいぼん》』など、平安時代とその後の日本文化を光悦フォント活字で印刷した本である。その紙は「料紙装飾《りょうしそうしょく》」と言われる文様を印刷したもので、その上に光悦フォントの平仮名活字で印刷した。謡本では文様を印刷した料

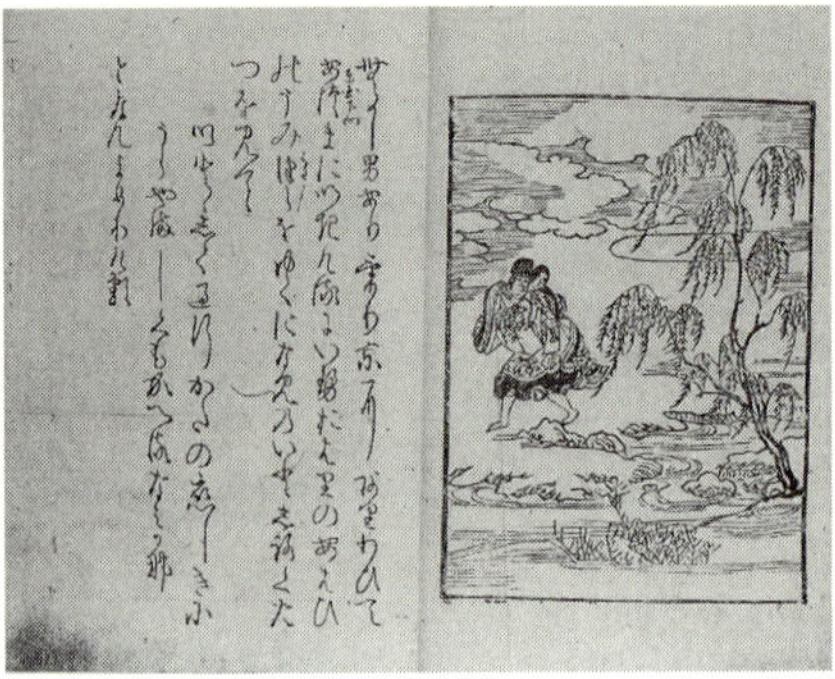

図3 古活字による嵯峨本『伊勢物語』

紙に文字を印刷し、『伊勢物語』では、活字本に挿絵を入れた。これらの印刷事業や宗達との共作によって、平仮名を中心にした平安文化とそれを継承した日本文化が、江戸文化の基礎にしっかりと組み込まれたのである。

光悦の現実社会での役割は、刀剣の鑑定、研磨、ぬぐいを家業とする本阿弥家の経営者であるが、「別世《べつよ》」では書、陶芸、漆芸、出版および、様々なディレクションをもおこなう総合芸術家で、まさに多様な才能がひとりの中に共存していた。さらに、宗達や陶芸の楽《らく》家の田中常慶をはじめとするさまざまな分野の才能とともに創造活動を展開しており、それは後に光悦村という現実の芸術コミュニティにもつながった。

光悦の事業と並行するように、京都では民間の出版社が次々にできる。新しい時代には新しい企業が起こる。冨春堂、中村長兵衛をはじめとし、本屋新七、中野市右衛門などが出版業を起こした。一六一五年（元和元）には新聞が刊行される。いわゆる「瓦版《かわらばん》」である。これはこの年に起こった大坂夏の陣を報道したもので、人々は印刷技術の獲得をきっかけに、報道をも求めるようになったのである。こうして日本の印刷と出版市場が確立した。

活字から整版へ

印刷による浮世絵の出現、隆盛には、印刷技術の世界で、もうひとつのきっかけが必要だった。今まで述べてきた活字から、整版《せいはん》への転換である。私たちは西欧が進んでいると思っているので、印刷技術の進化は整版（一文字ずつ別に彫る活字ではなく、一ページ分を一枚の板に彫る木版）から活字印刷へ、という順番で考えてしまう。しかし活字を西欧より早く開発していた東アジアでは、活字と整版は共存するものであり、場合によって使い分けられていたのである。

中国、朝鮮、ベトナムなど東アジア諸国では、漢文使用者と文字の読み書きができない人々の二つの階層に分かれていた。漢文使用者は人口のなかでごくわずかであったはずだから、活字出版物は仏教界および識字層とその子弟たちに供給されただけである。しかし九世紀の平安時代に平仮名を発明した日本では、貴族階級でさえ平仮名を使い、和歌や連歌や物語類の普及とともに、庶民も平仮名の読み書きをするようになる。

江戸時代に入ると、活字で出版されていた漢書や経典だけでなく、御伽草子《おとぎぞうし》や仮名草子、俳諧や和歌の本、物語類、絵本類が刊行されるようになり、教育現場では「往来物《おうらいもの》」という手紙形式の教科書が使われるようになった。本の種類やジャンルが増えていくに従って、漢字仮名交じり文や仮名による表記、そしてなんといっても「振り仮名」の必要に迫られた。商業は発達し、流通は盛んになり、商品経済と結びついた農村でも文字は必須になる。平仮名使用者たちが漢字を読む機会も増えたが、その時は振り仮名によって読み、あるいは覚えていった。

当時の活字印刷では、振り仮名はつけられない。活字を組む時には、真ん中に区切りを入れ、すべての行に縦線枠を置いて、枠と枠のあいだに縦に活字をはめていく。漢字と、大きさの異なる平仮名の共存は難しい。振り仮名をつけるには、一枚の板に文字を彫っていく整版の方が適していたのである。

江戸時代には中国から多くの本が輸入された。それらを翻訳する作業は、基本的に書き下《くだ》しと振り仮名なのである。その際、ひとつの漢字の両サイドに振り仮名を振った。たとえば「浴場」という漢字の右に「ヨクヂャウ」と振り、左に「ふろば」と振る。漢字とその読み方と和語の三通りを駆使し、翻訳したのである。この方法で多くの中国小説が翻訳され、次の段階ではそれが、日本の地、日本人の登場人物に変更（翻案）され、さらにそれが江戸時代の「読《よみ》本《ほん》」という創造につながった。

整版が新しい出版文化を生んだ

この振り仮名による翻訳を笑いの種にした洒落本がある。唐来参和《とうらいさんな》（三和とも。和泉屋源蔵。もと武家。狂歌師、戯作者）の『和唐珍解《わとうちんかい》』である（図4）。これは題名から両ルビになっている。右側には「ホウトンチンケイ」左側には「わとうちんかい」とある。せりふは中国語と日本語が混在し、中国語の場合はすべて漢字で表記した上で、「又来弄舌」は右に「ユウライロンセツ」左に「よくむだをいふ」というように両ルビを振る。北京語ではなく、当時、日本に来ていた中国人商人たちの使う南部中国語だが、日本での音読みではなく、中国語をそのまま使った傑作だ。これは活字本ではできない。もちろん整版の本である。

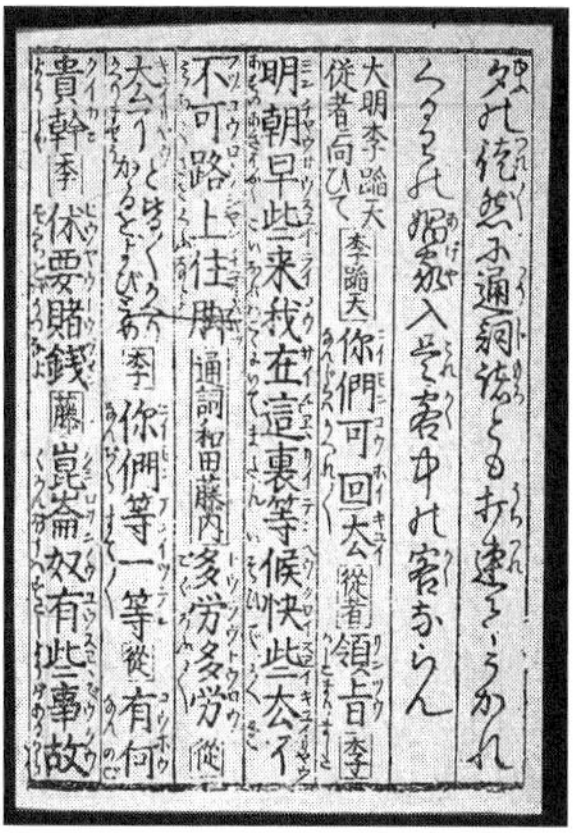

図4 洒落本『和唐珍解』

活字から整版に転換した理由については諸説あって定まらない。当時の活字印刷技術では、読書人口の増加に追い付くほどの部数を刷れなかった、という説もある。幕府が、版木でないと管理ができなかったからだ、という説もある。今述べてきた「振り仮名の必要に迫られた」というのも、事実に近い。また、絵と文字の共存を重要視する日本のメディアに活字がなじまなかったという説も、事実に沿っている。

しかしいずれも、整版になった原因なのか、結果なのかが、わからないのである。確実に言えるのは、整版になったことで振り仮名が増え、翻訳は確実に進み、複数の新しいジャンルが生まれた。整版になったことで、注や解説などを入れることが可能になり、難しい本を大衆向けに刊行できるようになった。整版になったことで挿絵が活用されるようになり、浮世絵と文字媒体とが結び付き、赤本《あかほん》、青本《あおほん》、黄表紙《きびょうし》などの江戸の絵本類が飛躍的に発展した。文字の順序を崩せない整版になったことで、重板《じゅうはん》（許可なしに、他の版元の本を出すこと）・類板《るいはん》（よく似た本を出すこと）などのいわゆる海賊版の排除ができるようになり市場が活性化した。このように、江戸時代では活字が「進んでいる技術」とはみなされなかった。むしろ整版が、本の大衆化と知識の普及に大いに役立った。

一枚の板木に文字を彫る整版と、一枚の板木に絵を彫る浮世絵とは、同じ方法をもっている。扱う業者も同じ「地本問屋《じほんといや》」である。蔦屋重三郎はこの地本問屋だ。つまり文字と絵が合体した本を作るのが、その仕事だった。「地本」とは土地の本、つまり「江戸の本」を意味する。江戸の本の多くが、文字と絵の合体という特徴を持ったのである。

百万塔陀羅尼から約千年が経った。「印刷」「出版」というものに並々ならぬ関心を寄せた何人もの蔦屋重三郎的なる人々が、その時代ごとの新たな技術とアイデアを受けわたしてきた。江戸時代の文化は、その上に作られたのである。

本はどのように世に出るか

ここで、本はどのように刊行されたのか、規律が整備された江戸時代の事例で見てみよう。

本を刊行するには、草稿を添えて、版元から行事《ぎょうじ》に開版願いを出した。「行事」とは、書物問屋仲間のうち、四名から八名で構成される、業者仲間自身によるチェック機関であり、相撲で言えば「行司」の役割だ。行事は法度《はっと》（主にキリシタン関係）に触れていないかどうか、重板でないかどうか、類板でないかどうか、のチェックをする。その疑いがあるときは仲間内に回覧し、その結果疑いが濃厚となれば、名主や町年寄や町奉行の意見を聞く。

江戸時代の書物の問屋は学問の本つまり「物之本《もののほん》」を刊行する「書物問屋」と、浮世絵や絵本類、草紙類つまり娯楽本を刊行する「地本問屋」とに組織上分かれていた。行事の人数や、意見を伺う相手はそれぞれ違うのであるが、方法は基本的に同じだ。

同じ本を複数の版元が出すことはよくある。版元は本屋株（営業権）を持ち、板株（版権）を入手することで刊行するのだが、ひとつの板株を複数で持ち、共同出版することもよくあった。それを「相合板《あいあいばん》」と言う。これはそれぞれが権利を持っているので問題ない。しかし今でいう海賊版、つまり権利を持たずに同じ本を出す重板や類板は犯罪になるので、事前チェックするのである。このような出版の規律チェックが、明治元年になると、業者自身から行政官の手に渡る。自己規律が国家による統制になったのである。どちらが進んでいるのか、自由なのか、まるでわからない。

浮世絵を刊行していた地本問屋は地本草紙問屋、地本錦絵問屋、草紙屋、絵草紙屋ともいった。物之本を出す書物問屋に対して、娯楽的な地本、各種絵本、洒落本、浄瑠璃正本、芝居絵尽くし（歌舞伎のダイジェスト絵本）、浮世絵、細見、狂歌絵本など、一般的で軽い本を扱う本屋のことである。

上方でももちろん娯楽本や絵本は出されていて、それは「下り本」と呼ばれたが、それに対して土地の（江戸の）娯楽本、という意味で地本と言い、そこから地本問屋となった。蔦屋重三郎、鶴屋喜右衛門、鱗形屋《うろこがたや》孫兵衛、和泉屋市兵衛、村田屋次郎兵衛、西村屋与八などが代表的な地本問屋で、一八五三年（嘉永六）には江戸で一四六軒の地本問屋が記録されている。

本が「学び」を生み出した

江戸時代に一気に多様化が進んだジャンルはいくつもある。思想界や学問もそうだ。朱子学だけではなく、陽明学、古学、老荘、国学、それらの折衷《せっちゅう》、蘭学、そして民衆に道を示す心学など、江戸時代になって多くの論者が出現した。その背景には、教育に力を入れた武士階級がそれぞれの藩校を作り、数多くの私塾が生まれ、手習い（寺子屋）ができ、階級を問わず読書し議論をするようになった、という社会の変化があった。藩校と私塾の存在抜きには、江戸時代も明治維新も語ることはできないだろう。

藩校と私塾では単に儒教の本を覚えるだけではなかった。声を出して読みながら覚える「素《そ》読《どく》」の次に、その身体に刻みこまれた言葉の意味を、教師は「講義」で掘り下げる。そして最後に、学生が交代で自ら講義し、それに対して学友たちから質問を受け、議論をする。この過程を「会業《かいぎょう》」とか「会読《かいどく》」という。ディスカッションが、考える力をつける重要な役割を果したのである。

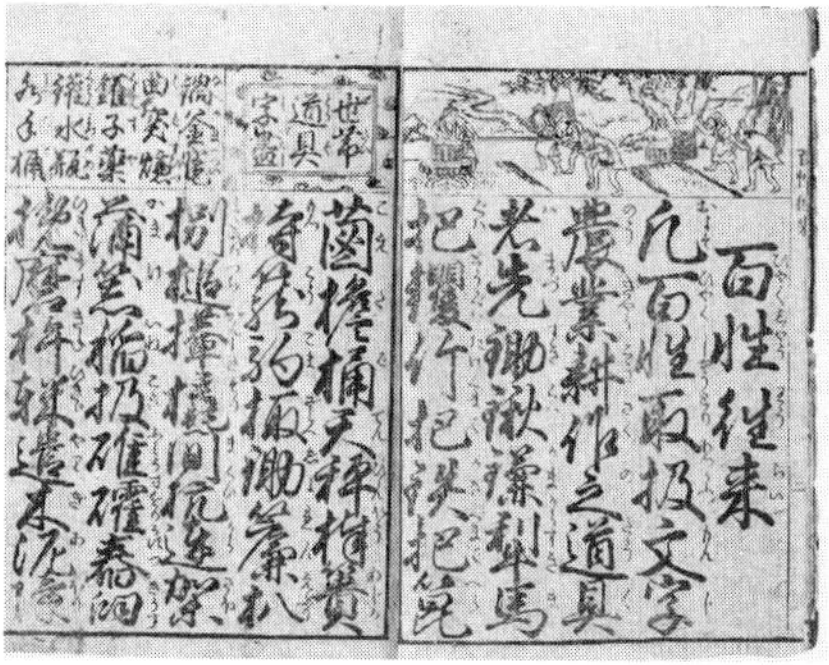
図５『百姓往来豊年蔵』

初等教育のための手習いは全国各地にできた。一八五〇年頃の江戸府内全体の就学率は、七〇パーセントから八〇パーセント。これは農村部も含めたものである。

手習いで使う教科書は手紙文体でできており、往来物と呼ばれた（図５）。手紙の往（差し出し）と来（返信）のかたちをとっているのである。『庭訓《ていきん》往来』『商売往来』『番匠往来』『百姓往来』など、地域の職業によって選択肢が多様だった。算術の教科書には『塵劫記《じんこうき》』が使

図6『御存商売物』（説明は著者）

われ、漢文の教科書には『三字経』『実語教』『童子教』『孝経』そして四書五経である『大学』『論語』『孟子』『中庸』『易経』『詩経』『書経』『春秋』『礼記』が使われた。

思想の多様性と議論の能力、その背景にあった広く普及した教育と「学び」は、今まで述べてきた印刷技術によって出現した「本」が生み出したものである。

山東京伝『御存商売物《ごぞんじのしょうばいもの》』（一七八二年刊）では、江戸のメディアが人間のかたちをとって登場している。そこには、八文字《はちもんじ》屋《や》本《ぼん》や行成表紙下り絵本など、古い上方のメディアをはじめとして、流行に取り残されつつある江戸の赤本、黒本、そして目下もてはやされている青本（黄表紙）、茶表紙（洒落本）、袋ざし、一枚絵、柱かくし、咄本、そして流行に関係なくいつもある石摺《いしず》り（拓本集）、遠近法浮世絵である浮絵や、紅絵、豆絵、紋（役者紋）付けの紙、情報誌である吉原細見《さいけん》、そして浮世絵の中でもっとも高級な東錦絵《あずまにしきえ》、ゲームである絵半切、道中すごろく、十六むさし、歌を本にした長唄本、義太夫のぬき本、歌舞伎の物真似用せりふ集である鸚鵡《おうむ》石、算数の本である塵劫記、年代記、どうけ百人一首、大津絵、小本、いろは短歌、男女一代八卦、唐詩選、源氏物語、徒然草、早引、古状揃い、用文章、庭訓往来、商売往来、小謡本《こうたいぼん》などが、人物として登場する（図6）。

しかし実際はもっと多種多様な本があった。ここには登場しなかったメディアや、この後に生まれるメディアとして、評判記、浮世草子、絵入り俳書、旅行用心集、番附け、狂歌絵本、合巻《ごうかん》、読本、滑稽本、人情本、名所図会、枕絵などがあったのである。本のサイズもいろいろだった。大本《おおぼん》は美濃判紙を二つ折にした大きさの本だ。縦は約三〇センチ、横は約二二センチだ。その下のサイズが、半紙本《はんしぼん》、中本《ちゅうぼん》、小本《こぼん》、豆本《まめほん》となる。

Ⅱ　世界が彩られた——蔦屋重三郎の生まれ育った時代

浮世絵に色がついた

蔦屋重三郎（一七五〇～九七）の育った時期は江戸時代の中でもとりわけ、「江戸」の文化が上方の文化状況を超えて急激に、そして個性的に、育った時代だった。その時期を生きた若者たちに大きな影響を与えたと思われる出来事がある。それは、浮世絵がカラーになったことだ。当時これは「錦絵」と呼ばれた。織物の錦のように美しい色彩を伴った色彩版画である。

「浮世絵」という名称は、ほとんどの場合、風俗画の中の版画（印刷物）を意味する。風俗画とは遊楽図、祭礼図、都市図など、一般の人々の現実生活を描いたもので、屛風や襖や絵巻に描かれた。その中から印刷物として大量に刷られ販売されるものが出てきた。それらがのちに浮世絵と呼ばれるようになる。

江戸時代は絵画の媒体（メディア）が大きく変わったのだ。絵画は屛風や襖や掛け軸といったインテリアに使われるものから、本や一枚絵や組絵になった。大きな家に暮らしていなくとも、たとえ長屋住まいであっても、手元に置いて眺められる絵になったのである。複製芸術であるから値段も安くなった。つまりは芸術が庶民のものになったのだった。もちろん浮世絵師は版画の下絵だけでなく、いわゆる絵画である「肉筆画」も描くが、それは特別注文で、あくまでも江戸時代の浮世絵の中心は印刷物なのである。

印刷するには木板に輪郭を彫る。その輪郭に色を塗って紙を載せ、バレンで刷る。輪郭の基本は黒なので、最も簡単に仕上げるには墨色だけで済ませる。輪郭の内側や外側に色をつけるのは簡単ではない。色ごとに板を用意する。それぞれの色、つまり各々の板ごとに刷るので、隣り合った色が重なったり滲《にじ》んだりする。そこで浮世絵版画は当初はモノクロだった。刷り上がってから、必要な時は手で色を塗った。やがて一色か二色、印刷するようになった。

しかし蔦屋重三郎が満一五歳の頃（一七六五年＝明和二）、「見当《けんとう》をつける」という技法が完成して、浮世絵は突然、あざやかな色彩を帯びたのである。どんな色でも、何色でも、色をつけることができるようになった。突然庶民の目の前に「色彩」が乱舞し始めたのである。

「絵暦」と色彩

技法を開発したのは「大小絵暦《えごよみ》交換会」という、絵暦を作る人々の集まりだった。企業でもなければ出版社でもなく、単に、絵で表現する暦（カレンダー）を作ることの好きな人々が集まっていた「連」であった。江戸時代には「週」がない。週七日は、キリスト教の神の天地創造に関わる数だからである。そこで、週ごとに区切るカレンダーは存在しない。しかし暦はある。その暦は、一年分が一枚に凝縮されている。今は三〇日の月と三一日の月は決まっている。二八日か二九日の月は二月しかない。しかし江戸時代は、そもそも三一日という月は存在しない。三〇日と二九日だけであり、それがどの月に配分されるかは、年によって異なった。しかも時々、同じ月が二度繰り返される年もあるので、油断ならない。従って、年の初めに、その配分を知る必要があった。

そうなると、年初めの暦は必需品なのである。三〇日の月を「大の月」と言い、二九日の月を「小の月」と言った。大の月がいつといつ、小の月がいつといつか、それを暦は一枚で表現する。文字で書けば簡単なので、もちろん文字の暦は普及していた。暦なのだから手書きではなく印刷物であり、多くの人に配る。

しかしせっかく一年中見るものである。美しい暦、面白い暦で、日々を楽しくしたいではないか。そういう余裕が育ったのが、江戸時代中期なのである。その面白さの追求は極端になると、情報が絵の中に隠されていて、それを読み解かねばならないほどになった。もはや謎解き娯楽としての暦である。やがて美しさと面白さの追求は、「色を印刷する」ことを目的にするようになった。

絵暦の会には浮世絵の下絵師も、彫師も摺師もいたので、プロフェッショナルも入っていたことになる。しかし浮世絵技術とは無縁な人々もいた。いくつかの連があったのだが、錦絵を開発したのはその中の、「巨川《きよせん》」の連である。巨川とは、牛込に屋敷を構えていた千六百石の旗本、大久保甚四郎忠舒《ただのぶ》のことである。自ら絵を描き、俳諧を作っていた。俳諧も浮世絵のカラー化と関係がある。俳諧を作る人々は印刷物を出すことが多く、その印刷物の表紙を美しくしたい、と思っていたからだ。

この巨川連に鈴木春信という浮世絵師がいた（図7）。巨川の出資と、細身繊細な美人画を描いた春信の下絵と、彫師、摺師によって、画期的なカラー浮世絵「錦絵」が開発されたのである。この時の彫師として、遠藤五緑、吉田魚川、岡本松魚、中出斗園の名前が記録されている。当時の彫師としては彼ら以外にも高橋蘆川、関根柯影が知られており、摺師としては湯本幸枝、原田善之の名がたびたび見られる。浮世絵は多色刷りの時代に入ると、下絵師のみではなく、彫師、摺師も

図7 絵暦 鈴木春信「夕立」

注目された。多くの人々が、技術の新しさと確かさこそ、芸術の質を決めることを、理解したのである。

浮世絵がカラーになる基盤には、江戸時代の産業つまり「ものづくり」全般に関わる、いくつかの特質が存在した。第一に、外国からの「もの、技術、情報」の吸収である。第二に、その技術と情報の「国産化」「日本化」を成し遂げたことである。第三に、それらが貴族や武家という上位の階級で展開したのではなく、すべての人々を対象にしたマーケットに大きく展開されたことである。この第三の特質ゆえに、絵画は印刷つまり複製技術となった。古代では仏画印刷なども存在したが、江戸時代の特質は「本」である。本というメディアが出現し、それまでのありとあらゆる視覚文化を「本」という場で編集したことによって、江戸時代の文化は急激に発展した、ということができる。

中国から来た色彩版画

第一の、外国からの「もの、技術、情報」の吸収について述べよう。江戸時代における外国の情報は、まず江戸時代全般を通して中国、朝鮮国からのものである。初期のころはスペイン、ポルトガル、そして日本人町のあった東南アジア諸国からも入り、スペイン、ポルトガル船の寄港が禁止されると、その後は長らくオランダその他のヨーロッパ、そしてオランダ東インド会社が商品を取り扱うインド、インドネシア等からの「もの、技術、情報」が入るようになった。江戸文化の展開は、世界の「もの、技術、情報」を吸収することなしには、ありえなかったのだ。

その中で印刷物のカラー化を成しえた情報源は、中国版画の極めて高い技術と、その書籍である。ヨーロッパ、特にアムステルダムからも、多くの印刷物や本が入ってきたが、それらは銅版画である。銅版画には色をつけない。しかし一七世紀の中国では、みごとな色彩木版画が次々に生まれ、それが国外に出て行ったのである。

図８ 中国のカラー印刷本『芥子園画伝』

中国の印刷技術は、活字の発明がそもそも中国であったように、日本とは比べ物にならないほどの発展をしていた。十一世紀には活字ができていた。朝鮮国でも、一三世紀には銅活字が使われていた。しかしここでの話題は活字ではない。色彩版画である。日本に大きな影響を与えた色彩版画は、明末の胡正言の『十竹斎書画譜《じっちくさいしょがふ》』と『十竹斎箋譜《せんぷ》』、そして戯曲家・李笠翁（李漁）による『芥子園画伝《かいしえんがでん》』（図

8）であった。
中国では多色刷りの絵や本を刷る版のことを、「套印版《とういんばん》」という。「套」とは、重ねるという意味だ。多色にするには、色ごとに重ねて刷るからである。そしてその方法のことを「餖板《とうばん》法《ほう》」という。餖板法は、画面を分割したいくつかの套印版を用意して、刷りながら組み合わせる。さらに日本でいう「きめ出し」、つまり紙に凹凸をつけて立体的に表現する方法も使う。これは中国では「拱花《きょうか》」という。

私は『十竹斎箋譜』を持っているが（もちろん後刷りである）、その花鳥、草木、虫類、文房具を表現するささやかで細やかで高い品格は到底、江戸の浮世絵の及ぶところではない。そこには、中国の宮廷や官僚社会におけるメインカルチャーの美意識と、庶民をも巻き込んだ日本の、民間市場でのサブカルチャー感覚との違いがある。

第二に挙げた、外国の技術と情報の「国産化」「日本化」が、そののちに起こった。胡正言が開発した色彩本を受けて、『芥子園画伝』が清朝の一六七九年に刊行されると、これは国外にも輸出され、日本にもやって来たのである。

『芥子園画伝』が日本で歓迎されたのは、これが絵手本《えでほん》だからであった。数々の花や植物が彩色で印刷され、昆虫などは多くの種類が描かれ、人の動きや景色のパーツが網羅されて、これらを組み合わせれば自ずと絵が描けるのである。そのような絵手本がカラー印刷でできている、ということに、当時の日本人は驚きと、大きな可能性を感じたであろう。

一七四八年、ようやく日本で『芥子園画伝』が翻刻される。つまり彫りと摺りによる、コピー生産だ。翻刻に至るまでの間に、日本では手彩色から、紅と緑のみを印刷する紅摺絵に移行している。色彩版画の翻刻の過程で、職人たちは多くを学んだのであろう。

自立する「東錦絵」

そして一七六五年（明和二）の絵暦で、巨川プロデュースにより、鈴木春信の下絵になる「錦絵」が開発されたのである。日本では木片パーツ（套印版）を組み合わせる「餖板法」ではなく、紙と一枚の木版にズレを作らない「見当」の発明によって輪郭と多様な色を重ねていく方法を選んだ。これが「日本化」であった。「拱花」は「きめ出し」「空刷り」になって、日本でも受け継がれた。

そして第三の特質として、この色彩版画は絵暦の会の中で秘匿《ひとく》されるのではなく、市場に展開された。そもそも多色刷りになる前、一七二〇年代から、絵暦は商品として版元から販売されていた。墨刷り絵、漆のような光沢をもつ黒で印刷した漆絵、紅と緑のみを印刷する紅摺絵など、印刷技術の進展が絵暦の世界で試みられている。絵暦の世界に多色刷りが出現したのは、偶然ではないのである。つまりは市場の形成があり、そこへの人々の関心があり、だからこそ実験の場になった。そしてここから、絵暦を超えて浮世絵全体が、多色刷りの世界になったのだった。

明和二年はほぼ一七六五年であるが、正確に言うと明和二年の暦は西暦一七六五年二月二〇日から、西暦一七六六年二月八日までをカバーする。そして絵暦の会はあくまで私的な場であった。それを示すために絵暦には「巨川」「莎鶏《しやけい》」「伯制」など、企画者兼注文主の号が記されている。

その私的な制作物が商品になるには、版元が企画と販売を引き受けねばならない。多色刷りの嚆矢《こうし》である鈴木春信の浮世絵で、「巨川」の名が途中で消えたのが「坐鋪《ざしき》八景」の八枚揃いだった。第二版から巨川の名が消え、「あつまにしき画《え》」という、「江戸で生まれた多色刷り版画」を示すジャンル名が記され、「松鶴堂」という版元が記載された。ここからが商品としての「東錦絵」のスタートであった。

蔦屋重三郎はこの時満一五歳、数えで一六歳、ちょうど元服（成人）の頃である。重三郎は浮世絵界に起こったこの変化を目撃したであろう。技術開発と編集、出版によって、世の中は違う様相を帯びるのである。蔦屋重三郎は子供の頃から江戸文化になじみ、そのただ中で育った。そして元服と同時に、江戸文化の大きな変化をまのあたりにした。

文化とは「交叉」である

ところでその江戸文化って何？　と問う前に、そもそも「文化」とはなんだろうか？　漢字の「文」は、生まれた時、成人した時、死んだ時に、その身体に記す交叉記号、つまり×印である。刺青であり、紋様である。身体とこの世の交叉、身体と属する社会との交叉なのであろう。英語のcultureは言わずとしれた「耕すこと」だ。この両方に共通するのは、自然界の一部である人間が、その自然界からやってきて人間の世に所属することと、自然界から何かを紡ぎ出してこの世にもたらすことである。

例えば布は、絹も木綿も麻も芭蕉布も、全て自然界の植物と昆虫からその糸を引き出し、それを、藍や紅や蘇芳《すおう》や貝や昆虫を煮出しあるいはそれらを発酵させた甕《かめ》の中で染め、機織り機にかけて経糸《たていと》と緯糸《よこいと》を、まさに「交叉」させて織り、それを縫い合わせて纏《まと》うのだが、その際、平安時代においては「襲《かさね》の色目」によって色を重ねて自然界を再び再現する。中世や室町時代においては、自然界の紋様を織る、あるいは絞り染めにする。

江戸時代においては、それらを全て基礎にした上でさらに、自然界の風景がありありと見えるように山や川や海や波や樹木や花や鳥を刺繡《ししゅう》し、絵画のように描き、纏う。それらは平安時代にあっては貴族たちが纏うものであったが、江戸時代にあっては高位の武家の女性たちと、そして、差別されているはずの役者と遊女が纏うものであった。

着物だけでなく、髪結は日々、遊女たちの髪を香り高く見事に結いあげ、鼈甲《べっこう》は職人の見事な腕で物語のストーリーに沿って造りこまれて、その髪を飾る。素足は磨き上げられ、そこに履く職人の造った草履は妓楼の廊下で、高下駄は遊廓の道の上で、音をさせる。輸入品の香木・伽羅《きゃら》は着物と髪から匂い立ち、夕暮れになると「すがき」と呼ばれる、三味線の爪引きが街中に流れる。初期の頃の化粧をしない遊女であっても、後期の頃の化粧をした遊女であっても、夕暮れの中に蠟燭《ろうそく》によってその綺羅はこの世に立ち上がり、現実世界とは異なる「別世」が生まれる。

文化とはその別世のことであった。蔦屋重三郎は、その別世をこの現実に出現させるための編集に、尽力したのである。

Ⅲ　吉原を編集する

吉原細見とは？

吉原といえば、誰でも知っていた出版物が「吉原細見」だ。吉原細見とは、吉原の茶屋、妓楼、そこにいる遊女を案内している刊行物である。作者が存在せず、技術、デザイン、情報収集能力がものを言うジャンルだ。

吉原細見は当時、版元・鱗形屋《うろこがたや》孫兵衛がほぼ独占していた。鱗形屋孫兵衛とは、一六五八〜六〇年（万治年間）ごろに大伝馬町で出版業を始めた版元で、蔦屋重三郎の時代にはすでにその歴史は一〇〇年以上を刻んでいる。上方で生まれた仮名草子を扱い、一七〇〇年代に京都で八文字屋八左衛門が盛んに作っていた「八文字屋本」という浮世草子を独占し、一七二一年（享保六）にできた地本問屋仲間に入り、菱川師宣の作品を手がけていた。菱川師宣は、本の挿絵から浮世絵を独立させた「浮世絵の祖」である。つまり鱗形屋は、江戸の版元の歴史を代々辿ってきた、「老舗《しにせ》」と呼ぶにふさわしい版元である。

その鱗形屋孫兵衛が吉原細見を独占したのは、八文字屋本の江戸における独占販売業者だったからだ。例えば江島其磧《きせき》作の八文字屋本『けいせい色三味線』には遊女たちの名前を列挙した「名寄《なよせ》」がある。「島原女郎惣名寄」「吉原女郎惣名寄」「大坂新町女郎惣名寄」「伏見撞木町女郎の名寄」「南都きつぢ女郎の名寄」「堺ちもり女郎の名寄」「播磨室津女郎の名寄」だ。それ以外にも『遊女懐中《ふところ》洗濯』等々、多くの八文字屋本に遊女の「名寄」がついていたのである。それが独立し、江戸の本になったのが吉原細見だった。

「名寄」は名前の列記のみだが、吉原細見はその後、吉原の簡易地図に店を配置し、そこに遊女の名を入れ込む形になった。その判型や編集方法で、毎年情報を更新しながら、鱗形屋孫兵衛は吉原細見を刊行し続けたのである。

平賀源内を吉原にご案内？

重三郎はまずは義兄の引手茶屋の軒先を借りて本を商い、あるいは貸本をしていたのだが、一七七三年（安永二）、重三郎が満二三歳になったその年、鱗形屋孫兵衛の吉原細見の「改め」および「卸し」「小売り」の業者となった。「改め」とは妓楼の変化や遊女の出入りの調査、情報収集、編集をおこなうことである。遊女は入れ替わり、妓楼も撤退や新設があるので、吉原細見は毎年出されるのである。そのための最新情報を収集して整理する者が必要だ。それが「改め」なのだ。

その立場で重三郎は、一七七四年（安永三）に『細見嗚呼御江戸《さいけんああおえど》』にたずさわった。この細見の序文は福内鬼外《ふくうちきがい》こと平賀源内が書いた。

エレキテルを、日本で最初に解明・使用したことで知られる平賀源内は高松藩の武士だったが、藩を出て自主的に浪人となり、江戸で本草学者として全国の植物、動物の情報を集めて三六〇種四〇図の『物類品隲《ぶつるいひんしつ》』を刊行し、談義本『根南志具佐《ねなしぐさ》』『風流志道軒伝《しどうけんでん》』をヒットさせ、秋田の阿仁《あに》銅山の仕事をし、『解体新書』の図版入り刊行に協力した人である。多様な才能を駆使する江戸人たちの中でも、際立ったマルチ才人だ。

すでに述べたように、細見に作者は存在しない。情報誌だからだ。そうすると、細見の売れ行きを左右するかも知れない一つの要素は、挨拶をする人、つまり序文の書き手である。その文章を読み、友人との話題にしたい、あるいはそのスターを身近に置いておきたい等々の気持ちが、購入する動機になる。

しかし源内は吉原に出入りしない。ゲイだからだ。鱗形屋で仕事をした形跡もない。「福内鬼外」の名前で序文を入れたことに理由があるだろう。一七七〇年（明和七）、福内鬼外の名前で作った浄瑠璃『神霊矢口渡《しんれいやぐちのわたし》』が初演された。これは今日に至るまで上演され続けている人気浄瑠璃である。プロの浄瑠璃作者でもなんでもない平賀源内＝福内鬼外の浄瑠璃がヒットしたのは、関西方言の浄瑠璃に、江戸語を入れ込んだからだった。浄瑠璃はもともと大坂のものである。作者も義太夫語りも関西弁で語る。しかしそこに江戸のしゃべり言葉が入った時、江戸の人々は浄瑠璃をもっと身近に感じた。

『神霊矢口渡』は須原屋市兵衛と山崎金兵衛が刊行した。その後の浄瑠璃も山崎金兵衛が刊行しており、鱗形屋は関わっていない。しかしそれ以来福内鬼外は浄瑠璃界の人気作者となる。しかも小説家でありエッセイストであり本草学者であり鉱山開発や工芸品を手がける産業指導者でもあった。版元が放っておくはずがない。

『細見鳴呼御江戸』に福内鬼外の序文を求めて実現させたのが鱗形屋孫兵衛なのか蔦屋重三郎なのか、鱗形屋孫兵衛のところで出版をしている朋誠堂喜三二《ほうせいどうきさんじ》なのか、わからない。

源内は、幕臣の大田南畝が満一八歳の一七六七年（明和四）に刊行した狂詩集『寝惚《ねぼけ》先生文集』の序を書いており、この刊行で南畝は出版界の寵児となる。大田南畝はこの後、狂歌連の中心的な人物になり、多くの狂詩、散文、パロディを書くようになる。幕府の武士であるにもかかわらず、この時期のサブカルチャーとしての江戸文化を、引っ張った人物だ。南畝が吉原大門口の蔦屋を訪れるのはもっと後のことだが、それは記録に残っている限りのことで、『寝惣先生文集』のころから吉原に出入りしていた可能性がある。

朋誠堂喜三二も気になる。朋誠堂喜三二は秋田藩士の平沢常富《ひらさわつねまさ》のことで、この一七七四年には満三九歳。「手柄岡持《てがらのおかもち》」という狂名を持つ狂歌師で、「道陀楼麻阿《どうだろうまあ》」や「ものからのふあんど」という名で、多くの黄表紙も書いた。のちに秋田藩の留守居役にまでなる。喜三二は作家として鱗形屋から作品を刊行していた。平賀源内は『細見嗚呼御江戸』刊行の前年、長期にわたる秋田の鉱山調査をおこなっているので、そのことで関わりがあったのかも知れない。

また、一七七〇年（明和七）の『神霊矢口渡』とそれ以降、福内鬼外の浄瑠璃を刊行した山崎金兵衛は、後に蔦屋と『青楼美人合姿鏡《せいろうびじんあわせすがたかがみ》』を提携出版している。山崎金兵衛は重三郎と親しい関係にあったのかも知れない。あるいは重三郎が貸本業者として山崎金兵衛に関わっていたか。どちらにしても、細見と福内鬼外を組み合わせる、という発想をしたのは重三郎であろう。出版物に付加価値を付ける、という考え方は鱗形屋には見られず、蔦屋のその後の方法に頻繁に見られるからである。

蔦屋重三郎の仕事の基盤はこのように、鱗形屋を介して幾重にも糸が伸びるネットワークにあった。ひとつは生まれた町である吉原に、もうひとつは鱗形屋を中心とする出版界に、大きな可能性をはらむ地盤を持っていたのである。

三粋人、吉原と深川を論ずる

一七七四年（安永三）、『細見嗚呼御江戸』の序文を書いた後、その同じ年に、吉原と縁がなかった平賀源内は「風来山人」の名前で、春寿堂というところから、『吉原細見　里のをだ巻評』を刊行している。「麻布先生」、その門人の「花景」、そして残暑見舞いに来た「古遊散人」の三人が、刊行された吉原細見『里のをだ巻』をもとに、深川の遊女たちが吉原に入るようになったことについて、その良し悪しを議論する、という内容だ。

深川は、大坂の深川八郎右衛門が開拓したので「深川」になった。そこに富岡八幡宮が作られると、一六五五年（明暦元）、その門前に料理茶屋が開かれるようになり、そこが「岡場所」と呼ばれる非公認の遊廓になっていった。吉原と異なるのは、芸者の方が遊女より尊重されていたことだった。

古遊散人はその名前の通り伝統主義者だから、深川の遊女が吉原に入ることを、「とんでもない」と怒る。なぜなら吉原は立居振舞髪容《たちいふるまいかみかたち》、そのうえ心だてを大切にし、最上級の太夫・格子の品の良さに至っては、琴、三味線、詩歌、俳諧、香道、茶の湯、碁、双六など、知らないことはないくらいで、しかも知った顔をせず、感情に溺れない、と評価する。これが吉原の昔からの伝統なのだ。だから、深川などの遊女を入れてその客まで呼ぶことなどせずに、「客が来いでも吉原じゃ」と奥ゆかしく誇り高くしているべきだ、と主張する。さらに、近ごろの吉原は、例えば俄《にわか》の祭などはかつて面白かったが、次第に、役者の声色を使ったり、茶屋の門前で踊りを披露するようになって、まるで（芸者衆が）大道芸人みたいになってきた、と批評する。

面白いのは、料理で評価されようとしたり、「いろいろしゃべって」耳目を集めようとする、と、まるで今日のテレビ業界が視聴率を上げるためにありとあらゆる手を使うのと同じ様子を、活写していることだ。吉原が格式よりコマーシャリズムの時代に入ってきたことがよくわかる。

一方、門人の花景は、同じ天地に生まれた人間を、国や郡や村や里で分けてその人格を論ずるのはおかしい、と、これも真っ当な意見を言う。いかに吉原であっても、色々な人がいるのと同じように、岡場所にもさまざまな人間がいるではないか、と。さらに「つまる所は親兄弟栄耀栄華で売りもせず。しょうことなしの廻り足、吉原へ行き岡場所へ行くも皆それぞれの因縁づく」と述べていることに注目したい。江戸時代当時の人々が遊女をどう見ていたかの、根幹に関わる。

遊女は皆、家族が生き延びるために「前借金」をしたその借金の「かた」として、遊廓に送り込まれ、日々働いて借金を返している。返し終われば外に出られるが、返せなければ、借金を重ねて零落していく。「親兄弟栄耀栄華で売りもせず」とはそのことを言っている。家族がなど裕福ならば、遊女は遊廓に送り込まれないのだ。生活に困り、追い詰められて「しょうことなし」にそうなった。つまり誰も、好んで遊女になっているわけではない。その時に吉原に送り込まれるのか深川に送り込まれるのかは、運次第ではないか、と論ずるのである。江戸の人々は、遊女がいたし方なく遊女になっている女性たちである、という根幹をおさえ、そこに差別などあろうはずがない、という考えを持っていたのである。

二人の意見を聞いた麻布先生が、そこで話し出す。言葉つき（吉原言葉）、紋日《もんび》の作法、衣装の紋様など、古風を一切変えないのが吉原の尊い所だが、わからない人にはわからない。そこが欠点なのだ。そこでデータも示す。吉原の遊女は約三千人いる。その中で岡場所から来た遊女は五〇人ほどしかいない。多勢に無勢。心配無用。岡場所の風儀はいつの間にか吉原の風儀になるだろう、と。

源内の遊廓への関心は、この三人の会話に見られるように吉原で育まれ、伝統となった「文化」であった。『吉原細見　里のをだ巻評』には、古遊散人の言葉として、立居、振舞、髪容《かみかたち》、心だて、琴、三味線、詩歌、俳諧、香道、茶の湯、碁、双六と並べ、「各々たしなみの芸術あり」との評価がある。この場合「芸術」とは「技芸」のことだが、つまりはアート全般の能力を意味している。花景は深川のことを述べて、座敷の普請、簞笥《たんす》、長持、夜具、諸道具、仕着せ、茶屋、船宿、羽織と浮拍子《うかれびょうし》を流行らせたこと、天下に類のない芸者の小唄を挙げている。

深川は吉原とは異なる個性を持っている。しかしそれも、吉原の影響を受けて育ったアートなのである。

なぜ吉原が売買春の場所であるにもかかわらず文化の集積地かつ発信地になったのかと言えば、それは人々の吉原への関心が、そこに凝集された技芸（アート）にあったから、なのである。

私は、『細見嗚呼御江戸』の序文を書いてもらうために、蔦屋重三郎が源内を吉原に案内したのではないか、と夢想している。なぜなら、平賀源内は「江戸」という大都市で展開する歌舞伎や講談、芸能、工芸品などに、博物学的な関心を寄せている人だからだ。『吉原細見　里のをだ巻評』は、吉原を知ったことの驚きに満ちている。本のどこかを変えると、世界が変わる。この場合は、蔦屋重三郎が関わった『細見嗚呼御江戸』の序文が、『吉原細見　里のをだ巻評』に乗り移って、別の本が出現したのだった。

本のサイズを変えてみると

もうひとつ、「本のどこかを変えると、世界が変わる」事例を示そう。一七七五年（安永四）に蔦屋重三郎は、初めて自分の名前で吉原細見『籬《まがき》の花』を刊行した。今までのように、鱗形屋の情報収集と改訂をしたのではなかった。自分で全てを決めることができる。

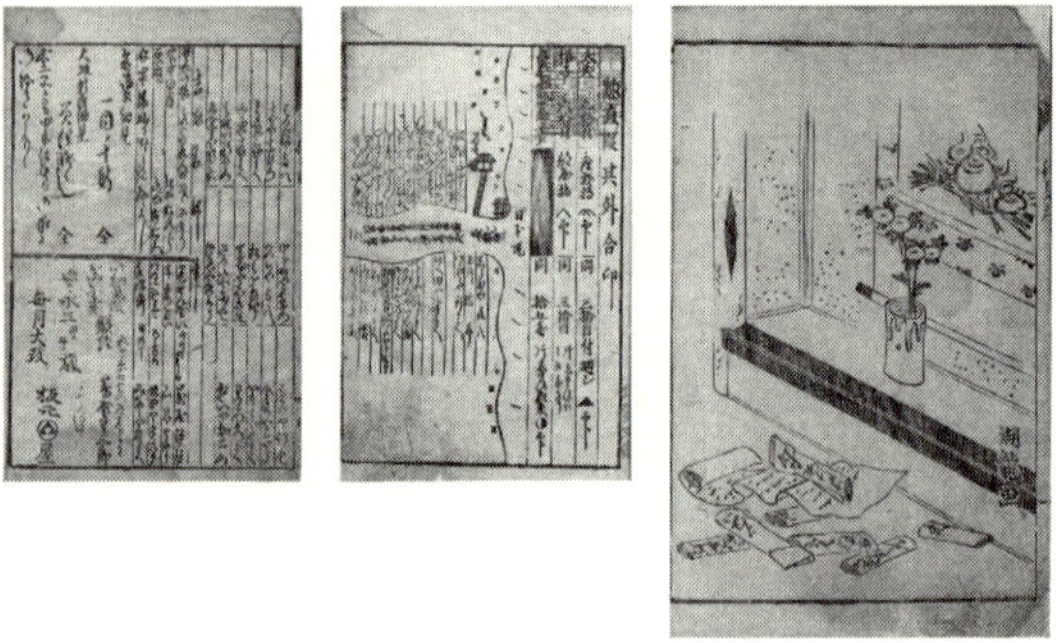

図 9-1 小本の吉原細見『細見百夜章』

蔦屋重三郎がこの時おこなったのは、長い間「小本」として刊行された吉原細見を、一回り大きい中本にしたことだった。例えば前年に出された鱗形屋の吉原細見『細見百夜章《ももよのふみ》』は縦一五・六センチ、横は約十一センチの「小本」であった。現在の文庫本より少し大きいくらいだ。一方、同じ吉原細見の『籬の花』は縦一八・五センチ、横一二・四センチの「中本」となった。現在の標準的な単行本である四六判より少し小さい。吉原細見は情報誌であるから、情報が改められて毎年刊行される。吉原に行こうと行くまいと、毎年買う人は、長い間踏襲されてきた小本に馴染んでいる。その慣れてきた小本を中本に変えるのは、売上げという点で勇気が要る。そこで、蔦屋重三郎は中身の配置を変えた。

『細見百夜章』には、冒頭に礒田湖龍斎による床の間の絵があり、その前に手紙が散らばっている。題名に合わせて遊女からの章《ふみ》を描いたと思われる（図9－1）。

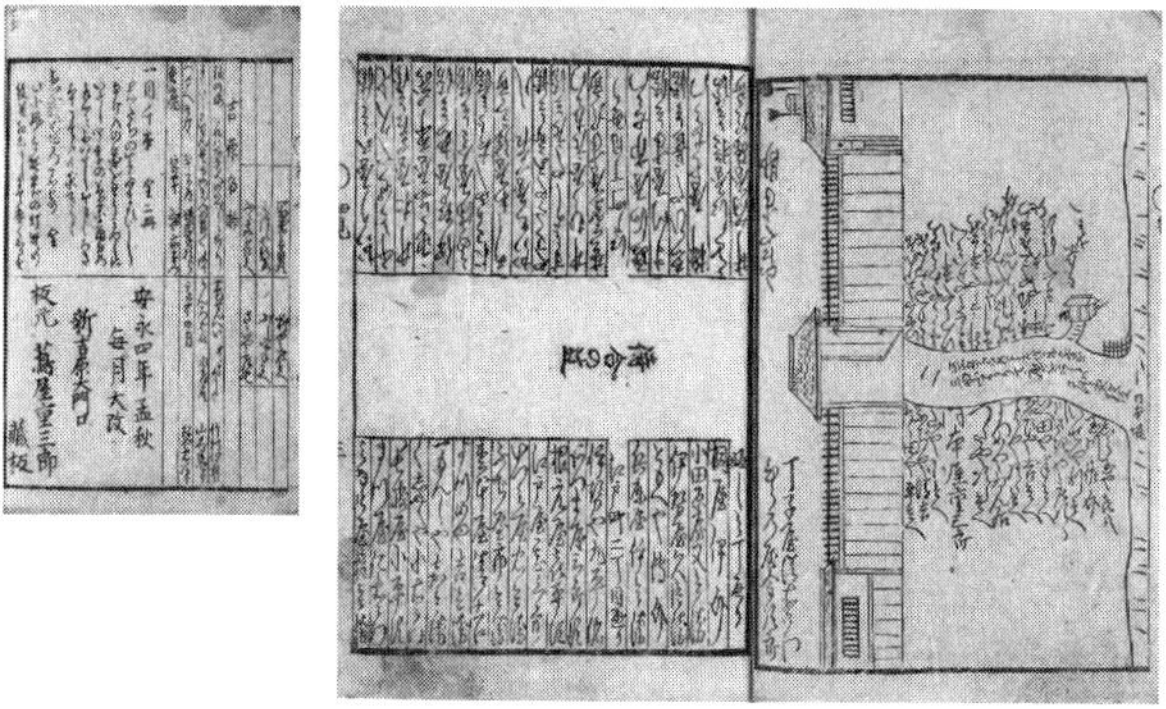

図9–2 サイズの大きい中本にした吉原細見『籬の花』

一方『籬の花』は絵を省き、「待合の辻」とそれに続く「仲の町」の両側に茶屋をびっしり並べ、江戸町一丁目通り、江戸町二丁目通り、角町通り、京町一丁目通り、京町二丁目通りの両側にそれぞれ妓楼を並べて、丁数を半分にした。それでも紋日リスト、値段リスト、男芸者の名前一覧、女芸者の名前一覧、船宿一覧、そして吉原名物をぎっしり案内し、蔦屋から刊行された『一目《ひとめ》千本《せんぼん》』(後述)の宣伝まで入れて、情報量は完璧だ(図9–2)。

少しサイズが大きくなるだけで、開いた時に吉原の空間がそのまま目の前に現れるようで、臨場感が異なる。

浮世絵には「浮絵《うきえ》」というジャンルがある。遊廓や劇場の中を、ヨーロッパから中国経由で入ってきた遠近法で描いたもので、紙の奥に窪んで、あるいは紙から浮き上がって立体的に見えるので「浮絵」という。

浮絵によって描かれた芝居絵はたくさんあるが、どれも舞台は中央遠くに小さく描かれているので、「芝居」を見せる絵ではない。むしろ劇場をぎっしり埋め尽くす観客が面白い。つまりは、「絵を見る」という行為が、劇場の中に自分がいる、というまさに「臨場（場に臨む）」感覚を呼び起こすために開発された絵であった。言葉を変えて言うと、「その世界に入っていく」のである。蔦屋重三郎は、読者をその世界に誘う方法を開発した編集者であった、と言えるだろう。

『細見嗚呼御江戸』の序文を書いた福内鬼外こと平賀源内も、さまざまなものを出合わせ、人を組み合わせて新たなものを作る「編集型」の才能を持った人だった。しかし源内はそれを、言葉が生み出す想像力に任せる。『細見嗚呼御江戸』の序文では、遊女たちの容貌や性格を面白おかしく書き、『吉原細見　里のをだ巻評』では、吉原や深川の特徴をまくし立てる。『風流志道軒伝』は日本国中どころか世界中のおかしな国々を巡りつつ、遊廓では男女が入れ替わって遊男になるとどうなるかを詳述し、『根南志具佐』では両国橋を通る人々を書くだけで、江戸という都市と江戸時代の何たるかを、読む者の頭脳の中に出現させてしまう。「言葉」で、この世に無い世界を出現させる。それは虚偽虚構ではなく、この世の実像の擬《もどき》であるから、実像がかえって鮮明になる。

一方、細見の版元、絵草紙屋の仕事は、言葉だけでなく、時には言葉を介さずに、「本の世界に入っていく」編集を実現することであった。小本から中本へ転換しつつ、ページ数を減らして値段を据え置きすることで、蔦屋重三郎は、絵草紙屋ならではの新たな細見に踏み出したのであった。

花合わせ――遊女を花に見立てると、花から遊女が見える

蔦屋重三郎は吉原で生まれ育った。その青年期に、浮世絵が鮮やかな色彩を帯びて世界を変えるのを目の当たりにした。ゴッホが憧れた江戸は、この東錦絵の世界である。東錦絵は、その前の光悦・宗達・光琳の輝く解放された世界を、複製芸術つまり印刷物の世界に再現したのだった。光悦・宗達・光琳の絵画は当時、外国に出て行くことはできなかった。しかし版画であれば、その色彩を再現しながら、それを船に乗せて外国に届けることができたのである。

複製芸術であるからこそ、それと同じことが、江戸やその他の日本各地の人々に起こった。遊廓を知らない人、江戸に行ったことのない人にまで、本は届くのである。蔦屋重三郎は、吉原の遊女をその目の前で見ていた。その非日常的な絢爛《けんらん》を吉原の外の、江戸やそれ以外の全国に伝えるにあたって、彼は「見立て」の方法を使った。

見立てとは、ある物や人を、別の存在に託して想念することを言う。例えば能の『江口』は、淀川の江口の里にいた遊女たちにちなんだ物語だ。遊女は長い歴史を持っているが、それは芸

能の民としての歴史であった。江戸時代になって、各所にいた遊女やかぶき者が、幕府が認可した遊廓という空間に集められた時も、遊女は芸能者だった。最初の頃の高位の遊女を表す「太夫」という名称は能太夫、つまり能に優れた者、という意味である。

芸能の民としての遊女は舟で移動しながら謡をうたい、舞を舞った。能の『江口』は、西行と江口の遊女との和歌のやりとりを下敷きにしている。旅の僧が江口を通ると、「月澄み渡る河水に、遊女のうたふ舟遊び」が月明かりに見える。「ふしぎやな月澄み渡る水の面に、遊女のあまたうたふ謡」「うたへや歌へうたかたの、あはれ昔の恋しさを今も遊女の舟遊び」と謡は語る。そして最後に「普賢菩薩と現はれ舟は白象となりつつ、光とともに白妙の白雲にうち乗りて西の空に行き給ふ」と、遊女は普賢菩薩となって西の空に消えて行くのである。

この能で遊女は普賢菩薩に見立てられている。普賢菩薩の乗り物は白い象と決まっている。その見立ては絵画にも浮世絵にもなった。見立て絵においても、遊女は普賢菩薩の乗り物である白象に乗っている。

「見立て」は日本文化の代表的な編集方法である。「見立て」を行動面から表現すると「託す」という行動になる。和歌は自然界のありとあらゆるものや現象に、歌の作り手の思いを託す。それは長い文化の伝統の中ではぐくまれ、江戸文化は「見立て」の活用によって活気を帯びた。

江戸の大伝馬町にあった佐久間家の女中、お竹さんは実在の人物だが、大日如来の化身とされた。食べ物を節約して貧しい人々に分けていたらしい。『江口』は平安末期から中世の話だが、お竹さんは江戸時代の人である。一人の人間が、その個人としての存在の向こうに別の存在を重ね合わせて持っているという人間観は、仏教に由来するものかもしれないが、江戸時代になっても人々は日常の感覚としてそれを持ち、一人の人間がいくつもの名前を持つことや、いくつもの顔を持つことを、不思議だとは思わなかった。

ここに、見立て評判記『一目千本』という書籍がある。一七七四年（安永三）に、北尾重政が描き、古澤藤兵衛が彫り、蔦屋重三郎が刊行した。初めて重三郎が自分の名で出した本であった。「見立て評判記」と称されている通り、遊女と花を出会わせた「見立て」である。「見立て」は人と人、人と菩薩、人と草木を出会わせる編集方法だ。「評判記」とは、著作や芝居の批評をすることでもあるが、遊廓では遊女についてあれこれを書くジャンルだった。

現代人が見ると、これが吉原についての本とは思えないだろう。花器に生けられた百合や菊、水仙などの花が描かれているだけなのだ。しかしよく見ると、一本一本に遊女の名が付されている。つまり花を遊女に「見立てている」のである。まさに花魁《おいらん》（花のさきがけ）である。「一目千本」という言葉を聞くと、江戸時代の人々の脳裏には吉野山の満開の桜が思い浮かぶ。一目見渡すと、目の前に千本の桜が見渡せる、という意味である。そのイメージはそのままに、副題は「華すまひ」とした。「華」は花、「すまひ」は相撲であるが、その意味は「比べて競うこと」だ。したがって「花くらべ」という意味になる。遊女の数なんと一二二人。

その序に言う。「ここに名にしおふ青楼の栄花はさくらに春の長きをしらす。ほととぎすに薄着をしらす。秋たつ風に暮のさびしみをしらす。雪の降日も寒さをしらす。かかる限りなき楽しみこそまことの栄花とはいふなるべし」。「青楼」とはそもそも貴人の住む家のことだが、そこから転じて官許の吉原遊廓を指す。吉原は四季の移ろいを味わえるところで、それこそが楽しみだと言っている。年中行事がしっかり根付いている吉原への評価は、四季の演出にあったのだ。

だからこそ「四季の花を名君の姿によそへ春夏を東と定め秋冬を西と極めてすでにすまひを初めける」となる。「よそへ」とは「寄へる」「比へる」と書き、まさに「見立てる」「なぞらえる」「擬する」ことだ。「擬する」の「擬」は「もどき」のことでもある。四季の移ろいを楽しむ場である吉原遊廓で、四季の花を、遊女たちの姿に見立て、東と西に分け、東に春夏の花を、西に秋冬の花を挙げて、「行司次第に団扇を上げ西の勝ち、いやいや東か勝」と評価しませんか、と書いている。

そして相撲の土俵を出して「とうざいとうざい」といよいよ始まる（二五二ページ参照）。

華相撲

まずは「松葉屋」の「はつ風」が登場。軍配団扇が配置され、行司に見立てられている。見開きの別ページにラン科の敦盛草が、細身の陶器の花器に生けられている。これは「海老屋」の遊女「風折」だ。その隣には、竹の花器に紅うつぎが生けられている。「升や」の「共住」である。敦盛草と紅うつぎは両方とも夏の花だ。春夏と秋冬を対決させて評価を求めるという趣旨なので、見開きになると、そういう分け方になるようだ。

　どっしりした志野焼きらしき陶器に、春の花のコデマリが生けられている。これは「新かな屋」の「かほる」である。その隣では下に丸い膨らみのある細い磁器に、夏の花のくちなしが生けられている。これは「よつ目や」の「勝山」だ。別のページには太めの竹の花器が横置きに吊るされ、そこに藤が生けられている（図10）。これは「わかなや」の「五百笹」で、藤は春の花だ。四角い大きな陶器に

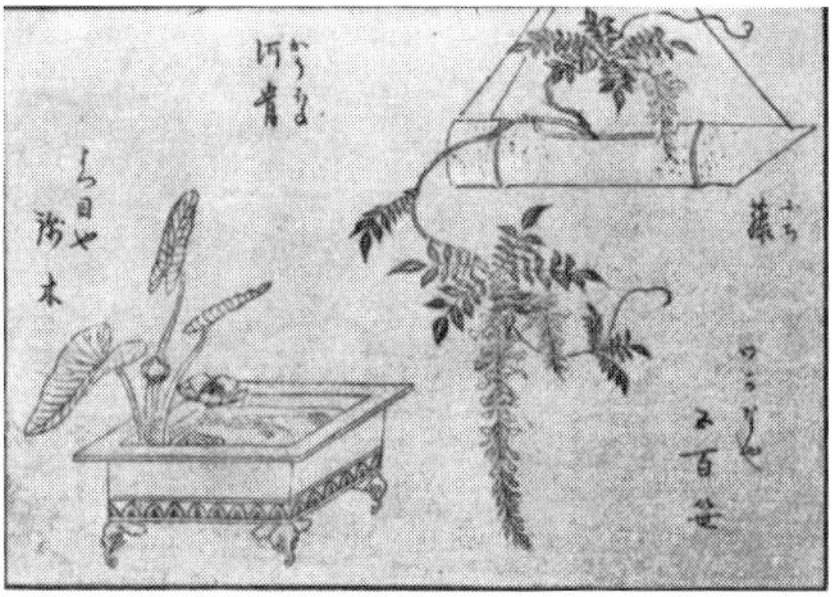

図10『一目千本　華すまひ』

河骨《こうほね》が入れられている。これは「よつめ屋」の「錦木」である。河骨は初秋の花である。これらは春と秋に分けられているが、ずっと見ていくと、必ずしもそうなってはいない。

残念なことに、現代の我々はそれぞれの遊女のことを知らない。しかし当時、吉原に出入りしていた人たちの読み方を想像してみると、遊女一人一人の「個性」と花とを重ね合わせ、「似ている」「似ていない」などと言い合ったのではないかと思う。四角い洗面器のような陶器の隅に生けられた、葉の大きな水生植物「河骨」を見ていると、「いったいどれほど大柄でしっかりした遊女なんだろう」と関心が湧く。

船のような独特な形の花器に五、六本の慈姑《おもだか》の葉が長く伸びているページもある。「おもだか」は「沢瀉」とも書き、家紋として知られている。これは「扇や」の「哥《うた》かた」だ。伸びやかで野生的な女性なのだろうか。

福寿草は雷紋をめぐらした四角い陶器の花器の隅に強靭に立っている。これは「つたや」の「みち春」だ。内気で凛とした人柄を感じる。

青銅器のような紋様入りの大きな花器に生けられた牡丹は、「大海老屋」の「玉菊」である。派手で華やかな花だ。あでやかではっきりした目鼻立ちの、まさに牡丹のような人なのだろう。波文様を裾に巡らして首のところに龍の彫刻を巻いた実に個性的な花器には、薊《あざみ》が生けられている。これは「たまや」の「浪菊」であるが、この龍の爪や棘のある薊の独特の組み合わせをみると、強い主張のある個性的な人物が浮かび上がる。浪菊にはぜひ会ってみたい。

だるま手あぶり火鉢を花器に転用したのだろうか？　ずんぐりした陶器の前側に半円の穴が空いていて、その穴から八手花《やつで》が思い切り外に向かって伸びている。「たまや」の「梅の香」である。大気でおおらかな人柄が伝わってくる。

池のように見える丸い大きな陶器に、紅葉が散っている。紅葉の木は花器のすぐ外側に据えられている。生け花としては珍しい散紅葉で表現されているのは「よつめや」の「哥川」である。鮮やかで賢い歌詠みなのではないか。

全ての絵を掲載できないのが残念だが、このように『一目千本』は、本人を知らないにもかかわらず、そのたたずまいや心もようをつい想像したくなる本なのだ。

遊女は売春をしている女性たちだ。吉原は幕府が売買春を「管理する」目的で作られた。それまで江戸に広がっていた遊女屋（妓楼）を一ヶ所に集め、それ以外は無許可とし、当初は「客を泊めるのは一晩のみ。人身売買による遊女を抱えてはならない。犯罪者などは届け出る」などの規則を守らせていたのであるから、遊女は人身売買の対象ではない。家族のために莫大な前借金をせざるを得ない境遇となり、遊廓で働いてその返済をしている女性たちなのである。返済が終われば遊廓を出ることができるから奴隷ではなく、売買されたわけではない。しかし、そもそも売買春とは性搾取であり、深刻な人権侵害だ。性搾取とは、人間としての全体から

「性」の側面のみを切り離して消費することである。遊女を性の対象としてのみ考えている人々にとっては、一人一人がどういう人間なのか、人柄や考え方や美意識を気にはしない。人間として見ないのであれば、そこには蔑視や暴力がつきまとう。

そこに『一目千本』である。一人一人の遊女を、生け花への一対一対応の見立てで組み立てることによって、そこに「現実を生きている人間」のあり方への関心が生まれはしなかっただろうか？　遊女たちを知らない現代の我々がそこにまなざしを向けた時に、「思いを花（自然界）に託す」という和歌の伝統とともに、そこに人柄を見つけようとする能動性が生まれる。いくらか本人たちを知っている人々はなおさら、人としての全体に関心が向いた可能性がある。

なぜ生け花か？

実はこの、「人を花に見立てる」方法には、前例があった。一七五五年（宝暦五）には人を花に見立てた絵本が刊行されている。一七六〇年代には妓楼で複数の花会が開催され、一七七〇年（明和七）には、高崎藩士で洒落本作家の蓬莱山人が『抛入狂花園《なげいれ》』という見立て絵本を出した。これは生け花を鈴木春信や市川団十郎、丁子屋喜左衛門（歯磨き粉屋）、笠森お仙など、当時の江戸の、庶民の間での有名人たちに見立てた本であった。

ところで、なぜその方法が生け花だったのか？　花は「神の依代《よりしろ》」という考え方から、仏への供花《くげ》になり、やがて立花《りっか》となったが、千利休が自由な茶の湯の生け花を作り上げ、それが『南方録《なんぼうろく》』として整理された。江戸時代は茶の湯が武家の必須の教養となり、それと共に町人にも茶の湯と生け花が広がった。そして一六八三年（天和三）に『立花大全』が刊行される。池坊専好の立花の様式を、その弟子がまとめたものだ。立花を真、行、草に分類し、名称を定義し寸法を規定して、花型を完成した。

そこに、寸法まで決めた背の高い立花ではないものが生まれる。一六八四年（貞享元）に『抛入花伝書』が刊行されたのだ。「なげいれは立花をやつしたるもの」と述べている。「やつし」は日本の美意識のひとつだ。型を崩すことにこそ、自由や、「わびしさ＝わび」を感じるのである。茶の湯とともに広がった生け花が茶の湯と切れ、「抛入花」として町人の生活に浸透したのだった。

さらに一七八五年（天明五）に『生花草木出生伝』が刊行される。江戸時代には生薬の開発に関わる本草学が発展した。庭園と庭師の拡大に伴って園芸も流行した。その影響を受けて「生命としての草木」の考えが広がった結果、草木の「生まれ」に注目しようという運動だった。

『一目千本』が刊行された時期には、このように生け花の様々な考えや方法や美意識が出現し、多数の流派が生まれたのである。生け花はすでに見立て絵の素材として、出版市場に乗るようになっていた。

武士たちには茶の湯の素養がある。茶の湯を知る者は立花や生け花も熟知し、自ら実践していた。その武士が江戸文化に狂歌師や戯作者として乗り出して来たのであるから、彼らの担った文化は江戸で町人文化と交叉した。町人の版元が経営する出版業界に、多くの武士たちが、その深い教養と文化ごと入って来たのである。『一目千本』は明らかに『抛入狂花園』の踏襲であり、遊女はこの本で、花に見立てられる江戸の著名人の仲間入りをしたのである。吉原と遊女は蔦屋の仕事を通して、「江戸文化」そのものになっていった。

ところで「花魁」という言葉がある。「花のさきがけ」という意味だ。弟子の禿《かむろ》たちが言う「おいらの太夫」を縮めた「おいらん」にこの字が当てられたのは、一七七〇年(明和七)より後であろう。だとすると、花に見立てるということが出版上でおこなわれ、その結果として「花魁」という文字が出現したと考えることも可能なのではないだろうか。

これらのことを考えると、『一目千本』は吉原を文化的な天上世界に押し上げる意図を持って編纂《へんさん》された、と思われる。吉原では売春がおこなわれていた。これが現実だ。しかし吉原では同時に、吉原芸者という、日本の芸能史上にその実力を刻む芸人たちがいた。さらに、巷では次第に軽視されてゆく日本の年中行事と伝統文化が、吉原独特のかたちで継承され、あるいは創造され、守られていた。その頃、吉原は日々変化していた。その変化をどの方向に持っていくかは、吉原のそのような諸要素をどう編集し、どのようにデザインするかにかかっていた。出版は、その編集に大きな影響を与えていたのである。

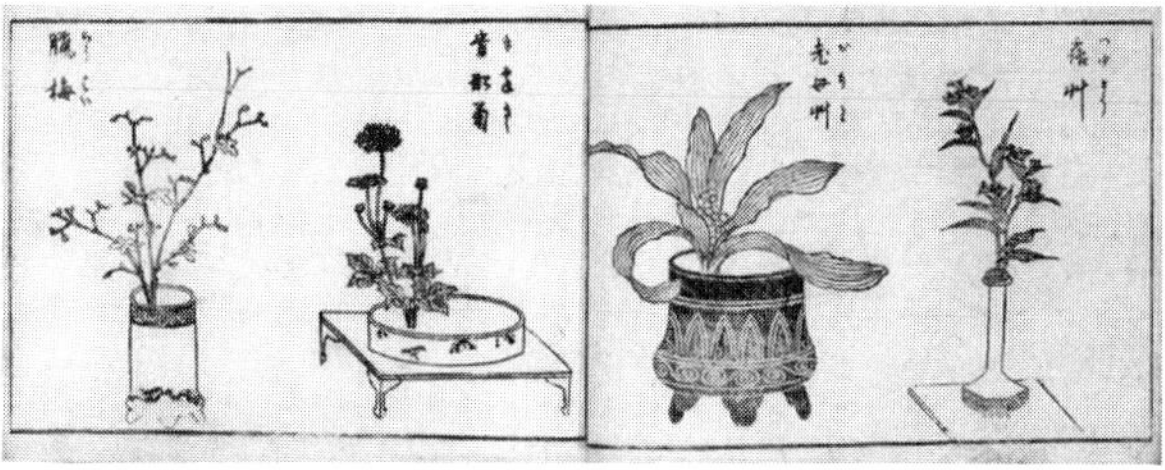

図11『手毎の清水』

技術としてのアートの力

　蔦屋重三郎は三年後の一七七七年（安永六）、『手《て》毎《ごと》の清水』という本を刊行する（図11）。横長の「横本」で、開いてみるとなんと『一目千本』そっくりだ。しかし、妓楼の名前と遊女の名前が全て消えている。生け花だけが、描かれているのだ。その数一一八。『一目千本』よりやや少ないが、膨大な数である。さらに、生け花の作法を絵入りで詳しく示している。花盆、水次、小刀、鋏、布巾をイラストで配し、三例の生け花でその代表的な形を示し、指導している。さらに方法を五七五七七の歌にして二七首載せている。つまりこれは生け花の絵入りマニュアルなのである。

　比較してみよう。『一目千本』は縦一四・二センチ、横一九・三センチで、二冊本だ。画工つまり絵師は北尾重政で、彫工は古澤藤兵衛である。一方『手毎の清水』は縦一二・九センチ、横一八・五センチと少し小ぶりな横本で、一冊で完結している。絵師は同じ北尾重政だが、彫工は町田余兵衛に代わっている。

問題は作者だ。清水景澄というのだが、実在が確認されていない。題名の「清水」は、作者の清水から取ったと、朋誠堂喜三二が書いている。喜三二はさらに、清水景澄が幼少の頃から植物に詳しく、生け花を愛し、一四歳の今、生け花の書を書けるほどになった、と言っている。つまりこの作者は一四歳なのだ。

作者の実在が確認できないことは、一人の人間が複数の名を持つこの時代、不思議ではない。実在の人間の名前の奥に別の名前があるなら、その名前の人間の実在は証明できないからだ。清水景澄は朋誠堂喜三二なのかも知れず、あるいは本当に、世に知られていない一四歳の少年なのかも知れない。つまりはどちらでもよい。

しかし私は『一目千本』を見ながら、「この花を生けたのは誰なのだろう？」と思っていた。見事な生けぶりで、一八一九年（文政二）に刊行された『生花百瓶図』の生け方と似ていると感じたが、だとすると、かなり清新な方法を持った生け花師なのではないか、と思ったのだ。それが、清水景澄なのかも知れない。だとすると、『一目千本』の時点では十一歳だ。わからない。

この二冊の本から、蔦屋重三郎の編集の特徴が一つわかる。それは、一冊の本の内容を少しずらしたり、そこから何かを取って何かを加えたり、何かを伏せておいて次にそれを顕わしたりすることによって、本に別の世界を顕現させる、ということである。これは「作者の個性」という考え方では成り立たない書物のありようだ。実在するのは本そのものであって作者ではない。本の実在を支えているのは、紙、画工、彫工、摺工であり、そこに客人として序文の執筆者や、跋文《ばつぶん》の執筆者が挨拶に顔を出してくる。編集者は指揮者のように、全体のバランスをとる。そう考えると、江戸時代の書物、とりわけ絵草紙屋の書物で最も重要なのは、「技術」としてのアートの力だったのではないだろうか。

そういう存在である江戸の本が、アーティストとしての生け花師や、遊女や芸者に敬意を払うのは、よく理解できるのである。

紙の上に祭が立ち上がる！

一七七五年（安永四）は、出版史上、忘れられない年である。後に「黄表紙」と呼ばれる新しいジャンルが、鱗形屋孫兵衛から出現したのだ。それが恋川春町《こいかわはるまち》作・画『金々先生栄花夢《きんきんせんせいえいがのゆめ》』であった。この作品については、後に詳しく述べる。

とにかくこの『金々先生栄花夢』で正月が明けた一七七五年、蔦屋重三郎は三月になると『青楼花色寄』あるいは『急戯花之名寄《にわかはなのなよせ》』と題する本を刊行している。

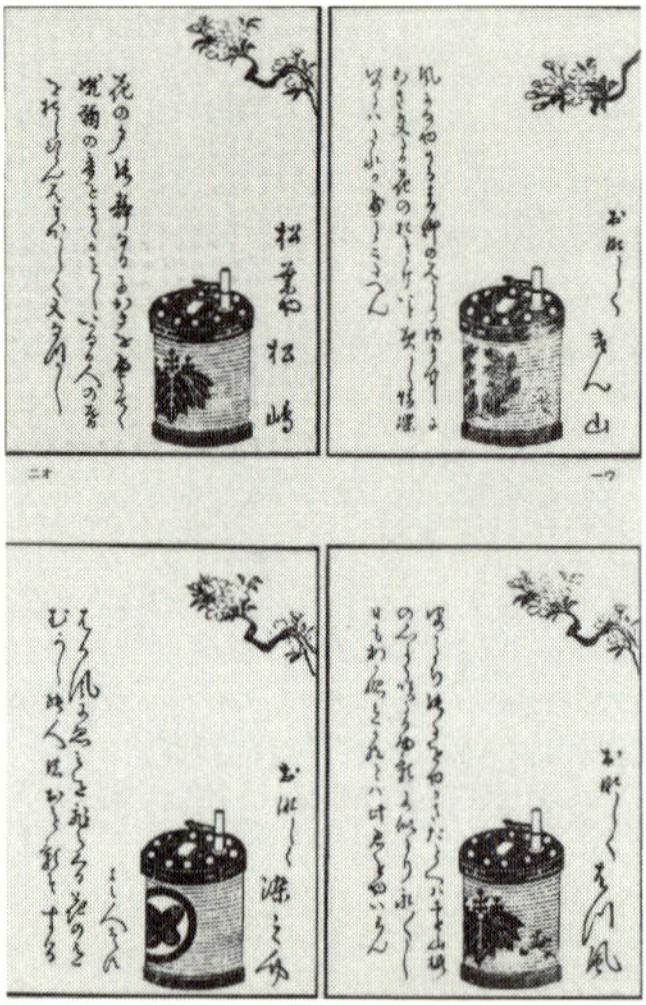

図12『青楼花色寄』

この本は八五人の遊女それぞれの店の筥提灯《はこ》を一ページごとに描き、遊女の名前を配し、『一目千本』でおこなった時のように花に因《ちな》む文章をつける、というデザインの本である（図12）。筥提灯とは、折り畳むと箱になるようにつくられた提灯で、遊里で客の送迎に使われ、あるいは武士の供をする奴《やっこ》が使うので、吉原提灯、奴提灯とも言われていた。つまり筥提灯が並んだだけで、吉原の空気になるのである。そこに妓楼の紋が付けられており、知っている者たちはその妓楼を思い出し、さらにそこにいる遊女を思い出し、茶屋に遊女が迎えに来る客にとっては、その時の時間が思い出される本になっている。

『急戯花之名寄』という題名の理由は、俄《にわか》の祭がその年は三月に開催されたので、その時の配り物として作られたからだ、と言われている。吉原俄は歌麿の浮世絵に何種も描かれ、吉原の代表的な年中行事だった。

実は、俄は正式にはこの一七七五年に始まった。「俄」とは、即興芝居のことだ。ジャズで言えばインプロビゼーション。あらかじめ脚本を書いて演じるのではなく、その時期の話題を取り入れながら、即興で笑わせる芝居である。吉原では、江戸町一丁目の妓楼、大上総屋治右衛門と、仲之町の茶屋、桐屋五兵衛が始めたのだという。祭の中で催された芝居なので、まずは祭の開催が前提になる。

吉原には当時、五つの稲荷社があった。大門の外に玄徳《よしとく》稲荷、大門を入った道の両端に榎本稲荷、明石稲荷、吉原の最後の道の両端に開運稲荷、九郎助稲荷があった。これらは現在、全て「吉原神社」に集められ祀られている。吉原俄は後に、その中の九郎助稲荷の祭として、旧暦八月一日からひと月にわたっておこなわれる行事となった。

しかし一七七五年の最初の俄は、吉原の外の真崎稲荷社の祭として三月に開催されたのである。そこに筥提灯をあしらったのは、それまで吉原に足を踏み入れなかった人々がやってくる可能性があったからではないか。その人たちへの妓楼の目印となるのが、筥提灯である。出版物はこの場合、パンフレットの役割をしている。蔦屋重三郎は自分の関心だけで本を作っていたのではなく、吉原の外に、演劇空間としての吉原を見せようとしている。

蔦屋重三郎がこの『青楼花色寄』の二年後、一七七七年（安永六）に刊行した『明月余情』は、まさにその吉原俄そのものの様子を、再現している。今なら記録映像のようなものだ。吉原俄はひと月に及ぶ芸能の祭典として、これ以降、定着した。『明月余情』には朋誠堂喜三二が序を書いている。それによると俄は、一七七五年（安永四）より前に一回だけおこなわれたという。祇園囃子、雀踊りなどが流行り始めた明和の頃、一七六七年（明和四）秋に開催されたのだ。そして八年後に再開された、というわけだ。朋誠堂喜三二の序を置いたこの『明月余情』は、吉原俄の賑わいと面白さを十全に表現して、まさに紙の上に祭が展開する（二五二ページ参照）。

『明月余情』第一編は、江戸町一丁目の五節句の練り物から始まっている。五節句とは正月、三月、五月、七月、九月の節句のことだ。吉原ではそれぞれの月にも行事があったが、この年の俄の祭では、五節句の練り物全てを一挙に演じたのだ。いわば、春から秋までを短いあいだに巡り尽くして見せるのである。俄は素人によって街頭などでおこなわれる即興的な寸劇、すなわち街頭演劇であるから、歌舞伎の演目が演じられることもあれば、四季それぞれの行事が演じられることも、思いつきのコントが演じられることもある。

まず正月の山車は、江戸町一丁目の子供中《ちゅう》の花山車だ。「中之町」「豊年遊」と書いた万灯のてっぺんに州浜台を飾っている。重そうな万灯を先頭に、山車を引くのは二〇人あまりの子供中である。山車の上には曾我時致《ときむね》と女朝比奈が『曾我物語』の一シーンを演じている。山車の周囲には鼓、三味線、鉦《しょう》の囃子《はやし》方《がた》が一〇人。ただしそう言葉で書いてはいるが、絵の中にはそ

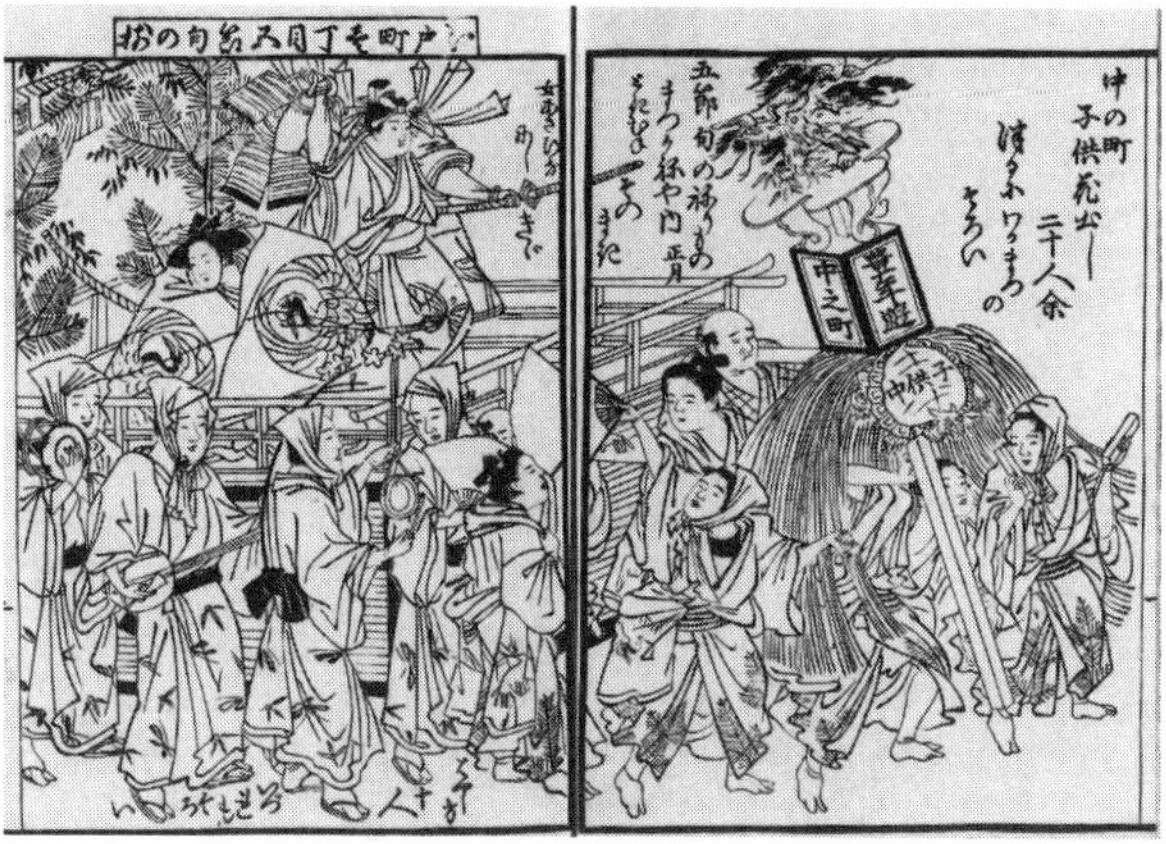

図13『明月余情』より「五節句・正月」

の人数を書ききれず、ぎゅっと詰まった絵になっているところに、賑わいと動きが伝わってくる（図13）。絵師は不明だが、浅野秀剛氏は「私見によると勝川春章」と論じておられる（「吉原俄の錦絵」『浮世絵芸術』一五八号、二〇〇九年）。

三月の節句では、平安貴族のような烏帽子《えぼし》をつけた五人の禿と思われる女性たちが、鶏を遊ばせて「鳥合わせ」を演じている。五月の節句は、四人の女性が揃いの着物で、菖蒲をぎっしりと挿した万灯を持っている。

七月は「虫狩」である。虫籠を積んだ虫売りの山車を、松葉屋の三人の禿と、扇屋の三人の禿が引いている。禿たちが祭を実施しているのだ。九月は、一〇人余りの囃子方と、玉屋、むさしや、たけやのそれぞれ二人ずつの禿合計六名で、菊をつけた竿を持って菊奴の踊を踊っている。一ページに収めるために重なりながら踊るその躍動感は、虫狩の静けさと対照的だ。

三月、五月、七月、九月の山車が過ぎると、菊つながりか「信田妻《しのだづま》（葛の葉）」の俄狂言を三味線と語りつきで演じている。次は大神楽の物真似俄狂言だ。大神楽は正月になると吉原に入る。太鼓と笛、獅子舞と共に演じているのは、曲鞠である。何を物真似するのかと思ったら、なんと三人の男性が鞠になって、籠を目指して飛び上がる。笑いが起こる演目だ。

お笑いコントの俄はまだある。紙で作った小判を顔に結わい付けた男。そこに侍がやってきていきなり切りつける。すると小判が取れて顔が小粒金に変わる。そこで小粒金は「もふしもふし」と侍を呼び返す。侍が「なんだなんだ」と近くに来ると、小判さんは小粒金さんになっていて、手に銭差しを持って「これこれ、きりちん」と差し出す。「きる」は「切る」と「両替する」の意味があり、つまりは両替してくれた侍に、お金君が両替代を差し出す、というダジャレお笑い俄である。その近くでは、「朝寝簟笥」が寝ていて、起こされると、のびをする時に簟笥の観音扉が左右に開く。

次に江戸町二丁目の出した大掛かりな「宝船」の俄だ（図14）。船と言っているが、実は人間が宝を頭の上に乗せて歩いている。宝を囲むのは、お揃いの浴衣を着た大勢の人たちだ。浴衣の腰から下は波模様。肩から背中にかけて一本の筋が横に走る。人間が並ぶとこの筋が横に

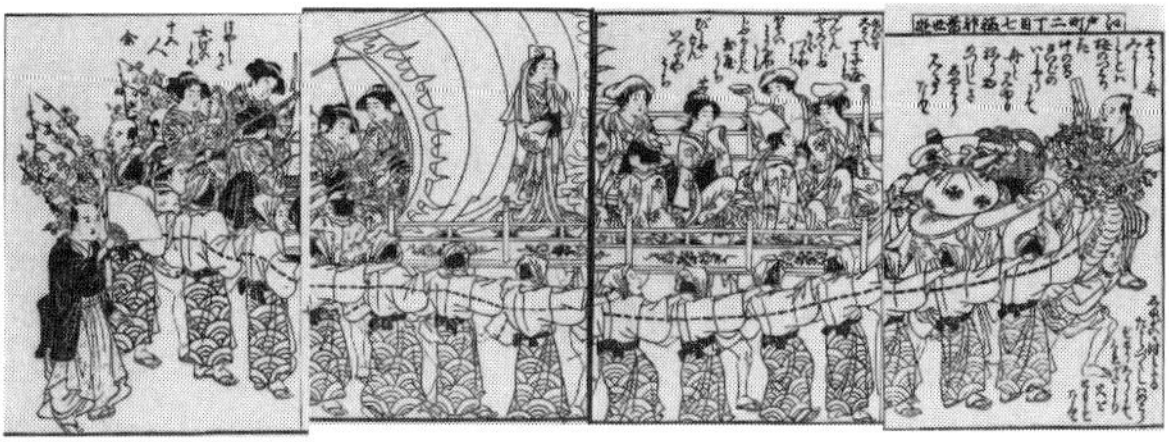

図14『明月余情』より「宝船」

長く繋がって、船のへりに見える仕掛けだ。つまり、海と波と船を人間が演じているのだ。すごい迫力だ。

船は宝を運び、山車の上には七福神が乗っている。いずれも江戸町二丁目の妓楼の禿で、さらにその向こう、帆を隔てて芸者一五人以上が囃し方をつとめている。大編成だ。この絵は四ページに及ぶ。さぞ賑やかで華やかな行列だったろう。

次に来るのは仲之町の管弦つき唐人行列の擬《もどき》である。いわば仮装行列だ。江戸時代で唐人行列とは、実際に江戸を行進した朝鮮通信使と琉球使節のことである。その擬は、このころよく祭に出ていた。この時は、九〇人以上のパレードとなった。

第二編は、女芸者たちの踊りや獅子舞に始まり、河《か》東節《とうぶし》に乗せた女芸者の演じる助六の俄狂言、そして三味線や太鼓を交えて踊りながら移動する祭の行列がずっと続く。京町一丁目の「よつめや善蔵」の出し物は、浄瑠璃「丹波与作待夜の小室節」の俄狂言だ。男芸者たちのこの出し物は、まるで劇場に行ったかのようであったろう。

仲之町の若者中は浦島太郎の出し物だ。蓑で作った亀の上で浦島太郎が踊り、魚や蛸などの眷属、龍神の警護役はなんと六〇人以上いたという。その後に、祇園神輿の行列が続く。第三編に描かれた角町の出し物は「大津絵」。京町一丁目は「官女」の行列。京町一丁目の大文字屋市兵衛の妓楼は「花笠踊り（雀踊り）」を出した。滑稽で素早い動作の踊りだ。「二十四孝」の俄も出る。そして京町二丁目の角兵衛獅子の俄が続き、本物の角兵衛獅子さながら、曲芸までやってみせる。最後は芸者衆の太鼓と三味線で締めた。

これが約ひと月の間、続いたのである。

『明月余情』は、吉原俄の祭の迫力を、十全に本で表現した。本の一ページ一ページをめくるたびに、そこには何度も祭の喧騒と活気が現れる。行事つまり催し物は、実際におこなわれる。吉原はその全体が劇場であり舞台であり、それじたいが虚構された世界だ。しかしながら、行事は人々が実現している。そのことが生き生きと伝わってくる。

それをさらに本という紙の上に構築するにあたって、何がなされたのだろうか。綿密な「記録」である。蔦屋重三郎はその跋《あとがき》で、「替り安きを花にして余さす漏らさす図画せしめ明月余情と題し」と書いている。「余さず漏らさず」絵にして記録を残しておこう、という決意だ。

さらにその中で「俄」というものの要素を、「茶番」「祭礼」「躍《おどり》」「芝居」と分析し、それが一体化したものが俄なのだ、と述べている。蔦屋重三郎にとって、吉原の年中行事は吉原の日常そのものであり、その時間が吉原という場所を存在させていた。吉原は遊女がいなければ成り立たないが、遊女だけでも成り立たなかった。男芸者、女芸者、禿、マネージメントをする遣《や》り手《て》、茶屋の人々、男衆、髪結や料理屋や菓子屋その他、吉原で何らかの仕事をする人々。彼らが協力して祭を実施した。しかし、人だけではない。物だけでもない。演出された空間と四季の時間こそが、蔦屋重三郎にとっての吉原だったのである。

俄の祭ばかりではなかった。一七八三年（天明三）に刊行した『燈籠番附　青楼夜のにしき』は、紙の上に再現された「盆の祭」であった。これは例年旧暦七月、茶屋の軒先に下げられる燈籠の番付である。玉菊という遊女を追善した盆行事で、単なる盆行事ではない。仲間である遊女を追善することは、それぞれの遊女が自らの境遇を心に思い返しながら、それまでに亡くなったあまたの遊女に、自分の気持ちを寄せる日であった。

著名な絵師や書家が参加して燈籠をデザインした。吉原はその間、いつもとは異なる非日常の美術館となり、死者に捧げる静かな祭（祀り）になる。喜多川歌麿が描き、蔦屋重三郎がこれらを丁寧に出版し続けたことは、吉原の文化の高さだけでなく、その志の深さを、外に知らしめることになったはずだ。

合わせてみれば

一七七六年（安永五）、多色摺絵本『青楼美人合姿鏡《せいろうびじんあわせすがたかがみ》』が刊行された（図15）。北尾重政と勝川春章が下絵を描き、後に「日本印刷文化史上に残る美麗な傑作」と言われた美しい本である。小本や中本ではなく、大本（縦二八・一センチ・横一八・七センチ）で、版元は蔦屋重三郎だが、本石町十軒店の山崎金兵衛との相合版だった。資金が必要だったからだろう。なるほど豪華な本だ。上中下の三冊から成り、上巻は春夏の場を設定し、中巻に秋冬の場を設定し、下巻は員外の遊女たちを配置した。さらにその後ろに、遊女たちが作った俳諧がずらりと並ぶ。遊女は一六四人。大変なボリュームだ（二五三ページ参照）。

春夏（一月〜六月）の最初には、まずスミレが描かれている。傍にあるのはタンポポかと思われる。ページをめくると桜の枝を床の間に飾った「松葉屋」の座敷で、四人の遊女が本を読んだり、手紙を書いたりしている。床の間の前には琴が置かれている。遊女たちの日常が見える。

「角玉屋」では、縁側が開け放してあって、梅が咲いている。ここにも四人の遊女が立ち、あるいは座って話をしている。「かげ万字屋」では三人の遊女が鳥籠の中の鶯《うぐいす》を見ている。「旭丸屋」では四人の遊女が桜の花びらを集めている。「扇屋」では四人の遊女が投扇をしている。

図 15『青楼美人合姿鏡』

生け花、琴、文箱など平安文化がうかがえる

投扇とは台の上に銭を一二個包んで蝶々の形の紙の的を立て、一メートルほど離れて扇を投げて的を落とす遊びである。たいへん優雅だが、江戸時代に起こった遊びだ。床の間には双六盤や将棋盤、碁盤、そして『類題和歌集』『古今類句』など、和歌の索引集を入れた箱が置いてある。和歌の勉強をしている遊女、という姿が浮かび上がってくる。

やがて菖蒲《あやめ》の絵が出現し、季節が変わったことが示される。「丁子屋」には三人の遊女がいて、床の間には『源氏物語』の注釈書である『湖月抄』の箱が置かれている。遊女たちは本を読み、文章を書いている。縁側にいる三人の遊女の前には、見事な牡丹が咲いていている。さらに二階では外にほととぎすが飛び、一人の遊女が小鼓を出して打ち始めようとしている。この小鼓の音に呼応するように、「多満屋」では遊女たちが琴を弾き、三味線を鳴らし、尺八の演奏をしている。

一方、「若那屋」では五人の遊女が、大きな水盤の金魚を眺めている。「角蔦屋」の外では、水辺の蛍狩りだ。中に入ると三人の遊女が座敷にいて、一人が花を生けている。夏に咲くこの真紅の花は、オニユリではないかと思う。背後にある床の間にはハスが生けられ、柱に下がる竹の筒にはアヤメが生けられている。違棚《ちがいだな》には蒔絵の文箱と硯箱があり、本が重ねられている。その下には琴が置かれている。生け花や古典を学び、和歌を詠む日常が見える（図15）。

中巻の秋冬（七月〜一二月）の巻の最初は、華やかな芍薬《しゃくやく》で始まる。「角大黒屋」の座敷では三人の遊女が語り合っていて、一人が手に曜白《ようじろ》アサガオを持っている。腰付障子の腰部分には紅葉が描かれている。床の間にはやはり琴が置かれている。別の部屋では短冊を書きながら、七夕の笹の葉に次々にくくりつけている。「丸えび屋」では遊女が人形を遣《つか》っている。背後には琴があり、曲に合わせてみようとしているのかも知れない。「松葉屋」の庭には萩の花が咲き誇り、四人の遊女は猫と戯れながら、紙を広げて何かを読んでいる。どうやら和歌を列記したもののようだ。「四つ目屋」では縁側から十五夜の月を観賞している。「大俵屋」のシーンではもう火鉢の炭に火を入れている。やはり琴が置かれ、本を読んでいる。別の部屋では布切れを切りながらお手玉作りだろうか。やがて菊が出て、後半になる。

「中近江屋」では外に雪が見え、中はこたつを出して火鉢には薬缶をかけている。「角金屋」のシーンでは、四人の遊女が組香をしている。組香とは、多様な香木をたいて香りを聞き、香を当てる遊びだ。香を聞く遊女、記録をとる遊女などが詳細に描かれ、遊女たちが琴や文学や生け花だけでなく、香道の嗜《たしな》みも持っていたことがわかる。「越前屋」では百人一首をやっている。「山城屋」では双六をしているが、その背後には茶道具が置かれている。茶の湯も遊廓の文化の一つである。「丸屋」の庭の手水が凍り、柄杓《ひしゃく》が氷に取られて遊女が困っているのも面白い。「小松屋」の遊女たちは鳥居を潜って神社に行こうとしている。そこに子犬が走ってくる。「大葵屋」の遊女たちは雪で真っ白になった富士山を眺めている。背後には碁石と碁盤が見える。「大金屋」では、本格的な茶の湯だ。座敷に炉が切ってあって、そこに炭を入れ、釜で沸かした湯を柄杓で茶碗に汲もうとしている。そばに蠟燭がともっている。脇に置かれた湯こぼしはまだ空なので、茶碗に入れた湯で茶碗を温め、それをこれから捨てるところだ。茶入れの上には茶杓が見える。温めた茶碗に抹茶を入れ、そこに湯を入れて茶筅で茶を立てる。釜の蓋の上には布巾もたたまれていて、全てが揃っている。二人の遊女の前には、菓子の椀も出されている。作法通りの茶の湯が、遊廓の中でおこなわれていたことがわかる。中の巻はそこで終わる。

あとは、店ごとではないシーンが見開きで三図続き、そのあとは俳諧になる。

題名に使っている「合わせ」とは、本来「歌合」のことである。歌合は歌を詠む人々が一堂に会し、その都度のテーマに沿ってその場で歌を詠み、左右一首ずつ評者に出して勝ち負けを決める。勝った歌の中からさらに選んで「集」が編まれるので、歌集の制作にはなくてはならない催しものだった。歌合から始まって、絵合わせや前栽《せんざい》合わせなどもおこなわれ、平安以来の文化はこれらの合わせ物によって磨かれた。江戸時代になっても狂歌師たちは集まって歌を詠み、狂歌集を作った。それが蔦屋重三郎の時代に盛んな「狂歌連」が続いた理由である。

この『青楼美人合姿鏡』は勝敗優劣を争うものではないが、遊女が「集まる」ことでその「場」を披露することになる。遊廓の中にしつらえられた、あるいは時には仮想されたその場は、いずれも和歌や琴や香道や茶の湯や生け花など、平安時代から室町時代に継承され、あるいはその途上で生まれて来た日本文化の空間を描いている。何よりも文化の根幹にある四季の表現を中心に、全てが構成されている。それは「合わせ」によって培われてきた和歌の世界そのものであり、この書籍では遊女たちが和歌に見立てられている、と言ってよい。

蔦屋重三郎はこの書籍によって、平安文化が移（写）された吉原遊廓を、十全に表したのである。

手書き文字からその人を想う

図 16『吉原傾城新美人合自筆鏡』

『青楼美人合姿鏡』には遊女たちの俳諧が掲載されていた。このアイデアは次に、「自筆」を集める、という編集方法に繋がっていった。

北尾政演《まさのぶ》（山東京伝）の下絵による『吉原傾城新美人合自筆鏡』は一七八四年（天明四）の刊行であるから、『青楼美人合姿鏡』の八年も後の本だ。しかしこの本が『青楼美人合姿鏡』にあやかって、その続きのような意識で作られたことは、これがまず前の年に錦絵『青楼名君自筆集』として二枚だけ出されたことからうかがえる。

今度は姿を描くのみならず、遊女それぞれの「自筆」を加えて「合わせ」にしたのである。描き方も、一図に複数の遊女（花魁と新造）と禿を組み合わせ、五人から七人が一堂に会する状況にしている。

北尾政演は師である北尾重政や勝川春章に対抗して、枚数は少ないながらも自分なりの表現に全力を尽くしている。その特徴は遊女や禿の「躍動感」と「個性」だ。『青楼美人合姿鏡』の遊女たちは概《おおむ》ねおとなしく座り、あるいはじっと立っている。それに比べ、『吉原傾城新美人合自筆鏡』の画面には、新造や禿や仲居や芸者が入っている。仲居が器を片付ける足元では、禿が子供同士で追いかけっこをしたり（図16）、禿たちが猫と遊ぼうとしたり、新造が反物を見立てたり、傍輩にお菓子を勧めたり、三味線を持ってきた芸者が、手紙を読む遊女と会話したり等々、シーンにさまざまな動きがあって、それ自体が動画のようにおもしろい。これは、洒落本において吉原を観察しドキュメントする、山東京伝ならではの観察眼である。

さらにそこにそれぞれの遊女の自筆の歌が書かれることによって、遊女個人の個性が見えてくるのだ。細いなよやかな筆致、強く濃いアクセントを持った筆致、きちっとした列を成す文字、踊るように空白を作る文字、独特の字体など、遊女が決して定型の教育を受けて教養を身につけたわけではなく、筆の修練をするにしてもそれぞれの個性や好みを伸ばしていたことがわかる。火鉢や文机、わずかに覗く茶の湯道具、屛風、書籍などからも、その好みや個性がうかがえる。

『一目千本』に見える蔦屋重三郎の編集方法と、『吉原傾城新美人合自筆鏡』に見える北尾政演の描き方および蔦屋重三郎の編集には共通点がある。それは、遊女は一人一人異なる人間であり、個性がある、という視点だ。個性があるからこそ異なる花で表現できる。個性があるからこそ、筆致にはそれが現れる。個性があるから芸能や文化や着物の趣味が異なり、個性があるから動きが生まれる。従来の「型」にはめずに、それに向き合おうとする。それを、見つめ、編集しようとする。

鱗形屋や、北尾重政・勝川春章などの、前の世代とは明らかに違っている。蔦屋重三郎の周りには新しい世代が集まり、その連携の中で、それまでとは異なる、「個人」に向き合った編集がなされていった、と思われる。

Ⅳ　洒落本を編集する

メタファー編集がひらく「笑い」の世界

　この頃から、蔦屋重三郎は洒落本の刊行を手がける。洒落本とは、遊廓を舞台に会話体で書かれた本で、脚本のように詳細なト書きがついていることもある。漢文で書かれた中国の艶本を日本に移したもので、多くは権威のある事柄をパロディにする方法をとっていた。遊廓での指南書として読む人もいたようだ。大きさは今の新書ぐらいで、その形状からこんにゃく本と呼ばれることもあった。

　一七七七年（安永六）、蔦屋重三郎は、道陀楼麻阿《どうだろうまあ》という著者の洒落本『娼妃地理記《しょうひちりき》』を刊行した。道陀楼麻阿とは、前にも紹介したように、版元・鱗形孫兵衛で本を出していた朋誠堂喜三二の別名で、現役の秋田藩江戸留守居役・平沢常富《ひらさわつねまさ》のことである。

　この藩士が書いたのが、吉原遊廓を「日本国地図」で表現した「吉原地図」である。この本はなんと、日本の開闢《かいびゃく》から始めている。イザナギ、イザナミが日本国を作った、というところからだ。

その後、「今戸さんや（山谷）の橋の上」から、鮫のかまぼこで「豊よし原をさぐ」ったという。するとかまぼこの滴《しずく》がこりかたまった。これも『古事記』の述べる日本の国土のでき方と似ている。

この後、「朝鮮の弘慶子《こうけいし》といふ人」がこれを切り開いて、「一ツの里」にしたのだった。朝鮮の弘慶子とは、いかにも歴史にありそうな名前だが、なんのことはない、朝鮮通信使で江戸時代の人たちにすっかりお馴染みになった朝鮮の人たちの服装をして、江戸の町で菓子や薬を売り歩いた行商人の名前なのだ。むろん、勝手に名乗っている。ちょうどこの本が出た安永期に、盛んに行商していた。

さて、この「一ツの里」を、「日本のおつかふせにて、北仙婦州《ほくせんふしゅう》新吉原大月本国と名づけ給ふ」となった。「おつかふせ」は「おっかぶせ」のことだ。「おっかぶせ」とは真似たり似せたりすることで、まさにメタファーや「見立て」を意味する。つまり、日本国《にっぽん》に似せて、この一ツの里を「月本国《がっぽん》」と名付けた。その後、この月本国を五つに分け、さらにその国の内を分けて「郡《ぐん》」とした。しかし日本とはちょっと違って、郡の数に増減があり、郡の名前も変わることがある、というのだ。

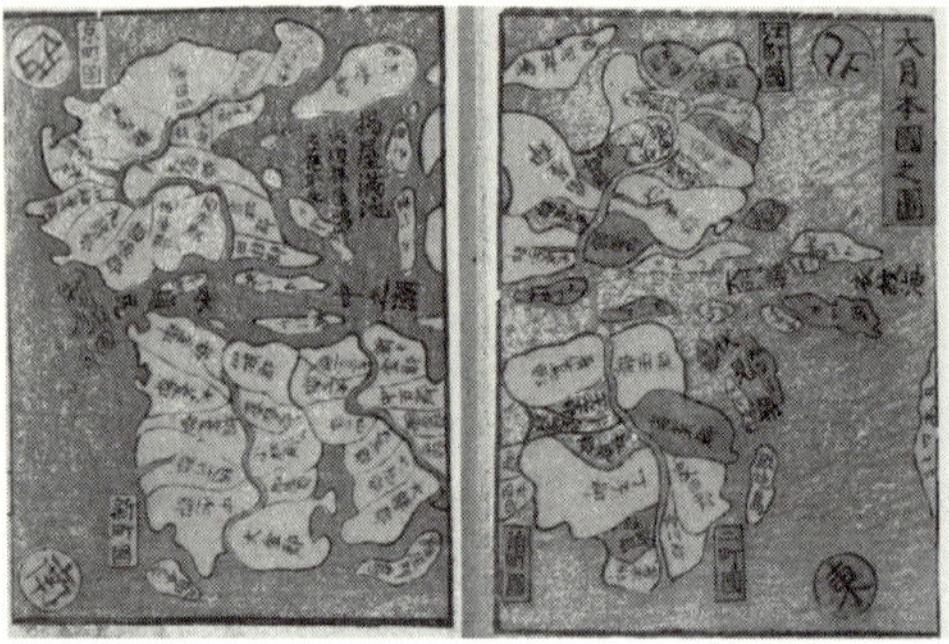

図17『娼妃地理記』に描かれる大月本国

月本国を作った「かまぼこ」は、山谷に捨てられ、これが山谷の道（日本堤）になった、という。そしていよいよ、月本国を地図で案内する。まず国の名称だが、「月とすっぽん」という言葉があるので、それを合わせて「がっぽん」国にしたのだが、その意味は日本とは月とすっぽんほどの違いがあるからだという。どこが違うのか。日本国はその創生の時に鉾《ほこ》のしたたりからできたので「武」を好み、男性を尊ぶ。それとは違って月本国はかまぼこのしたたりからできたので女性を尊ぶのである、と。素晴らしい。

月本国はその中が五ヶ国に分かれている。一五郡から成る「江町国」、十一郡から成る「二町国」、十一郡から成る「角町国」、一七郡から成る「京町国」、一〇郡から成る「新町国」である。それぞれの郡の数の前には全て「当時」とついている。これはすでに解説したように、日本とは違って郡の数に増減があり、郡の名前も変わることがあるからである。これら五ヶ国はいったい何か。地図（図17）を見ながら「江町国」を見ると、まさに吉原遊廓の江戸町一丁目のあたりにある。「二町国」を見ると、江戸町二丁目にある。「角町国」は角町あたりにある。「京町国」は京町一丁目に位置する。「新町国」は、京町二丁目（新町）にあるではないか。それぞれの郡の数は、吉原遊廓の店の数に近い。

さらに衣紋海という海は、大門の手前の衣紋坂《えもんざか》あたりにある。大門灘は大門の場所にある。伏見潮は大門を入ってすぐ左の道である伏見町あたりにある。中之潮はまるで仲之町通りのように、まっすぐ流れる海水だ。揚屋満池は揚屋町あたりに水をたたえる。まさに揚屋満池、中之潮、伏見潮、大門灘、衣紋海、水道尻という池と海は、吉原遊廓の道を「おっかぶせ」たものだ。全ての図を掲載できず残念だが、これらは地図上に、海や池として実にリアルに描かれている。

さらにその中に、会所嶋、九郎介島、茶島（多数）、商島（多数）、西河岸嶋（二島で一〇郡あまり）、鉄炮嶋、羅生門島があり、それらの島々も全て地図に描かれている。会所嶋とは大門を入って右にある四郎兵衛会所、九郎介島とは九郎助稲荷、茶島とは仲之町の茶屋、商島とはものを売る店舗、西河岸嶋とは常念河岸（西河岸）、羅生門島とは羅生門河岸（東河岸）が、それぞれ「おっかぶせ」になっている。地図は大変リアルで、いかにも水辺豊かな、このような国がありそうだ。

この地理的な状況を書いた後、その風土特徴を述べる。それは、「男をいやしめ女を尊んでいる」「昼を無駄にして夜に活動している」「男が二婦にまみゆるのを禁じているが、女は好きなように男に会える」「座る座席は女を上座とする」と。これは吉原遊廓の日常そのものだ。床の間の前の上座に座るのは、客ではなくて遊女である。客は特定の遊女と馴染みになったら他の店に行ってはならないルールがあり、そのルールを守らずに遊ぶと、禿たちが捕まえにくる。まさに男は、二婦にまみゆるのを禁じられているのだ。一方、遊女はどのように行動しても構わない。

遊廓は夕暮れから午前二時ごろまでが、活発化する時間だ。遊女は少なくとも客からは、たいそう大事に思われている。無論、一人の人間として尊重されているのではなく、「女性」として尊重されているのだ。

さらに、男女とも六芸《りくげい》に通ずる者が八〇人以上いる、と書く。「六芸」とは本来、古代中国で礼・楽・射・御（馬術）、書、数のことを指し、孔子の門人には六芸に通ずる者が七二人もいた、と書かれているが、月本国ではそれを上まわるのだ、と自慢する。これは吉原の男芸者、女芸者のことである。さらにこの六芸の他に、詩歌、俳諧、茶の湯、香道、蹴鞠《けまり》、生け花など、何によらず盛んだ、と書く。全く文化的レベルの高い国だ。ここで読者は気づく。日本国の出来具合を吉原に当てはめることで、日本を「茶《ちゃ》」にしているのである。日本国はささやかな月本国つまり吉原にやつされ、吉原は大きな日本国に見立てられている。日本国といえども、見方を変えれば吉原と同じさ、と笑いながら読む読者の顔が目に浮かぶようだ。

さらにこの月本国では「女は仁にして男は不仁なり」と書く。仁とはいつくしむこと、思いやりを持つこと、人々への愛情が深いことで、儒学では最も大切にされる人間性である。なぜ女が仁なのかと言えば、「父母兄妹の貧をすくひ、姉妹の中至《いたつ》てむつましく、親かたの身上を肥さんと千辛万苦して勤《つとめ》る」からで、男にはそういう思いやりがない、と言い切る。「女は又義を立る事至て甚《はなはだ》し」とも書く。これは指切、髪切、起請書、爪はなし、入黒子《いれぼくろ》（入れ墨）を指していて、つまりは「心中立て」のことだ。

女性が尊重され、その女性たちは仁にも義にも篤いとなると、大変素晴らしい国に思える。著者も編集者も、遊女たちを思い切り称賛した、と思っていただろう。

しかし違う。ここには江戸時代特有の「役割社会」が見える。男性が作った社会秩序と価値観の内部で、男の役割と女の役割がはっきり分けられており、それぞれがそれを果たすことで、初めて社会から承認され称賛されるのが、役割社会の構造である。遊女は「父母兄妹の貧をすくひ」つまり、家族のために莫大な借金を抱え、その前借金を返済するために遊廓で働く。そのこと自体が、娘の役割として称賛される。姉妹の仲が良いというのは、遊女同士庇《かば》いあって生きるからである。親方つまり妓楼の主人が富を得られるよう働く、と称賛されているが、遊女は妓楼の主人のためではなく、自分の借金を返すために働いているのだ。「大した者だ」と称賛するのは、その役割を果たすことで自らを自己肯定できるように、いわば社会全体で「仕向けている」と言っていいだろう。その結果、遊女たちは「売春」という、病と暴力の危険にさらされ、年齢とともに自分の価値が落ちていくばかりの、とても仕事とは言えない仕事で生きるしかなくなるのである。これを構造的差別と言う。その意味で「月本国」と「日本国」は、同じ構造を持っている。ちなみに、男性の作った物差しで承認されることで、女性たちが社会でも家庭でもなんとか生きていかれるという構造は、今も同じである。

月本国は五ヶ国に分かれている、とあった。「江町国」「二町国」「角町国」「京町国」「新町国」である。ここからは、それぞれの国の「郡」と、その郡の中にある「名所」を紹介している。例えば「江町国」には「松葉郡」があり、そこの名所は「染之助の城跡」や「花紫の瀬」である。この瀬は、潮が引くに従ってさまざまなものが面白く現れ、「あっぱれの景色！」と思っていると、また潮が満ちてきてこの眺めを隠す。そこでこの景色に出会う人は、潮を押し戻したくなるという。

ここには「清花山」という山もあり、眺めが良い。しかし雲霧深くて登ることが難しい。「白玉の橋」もあり、橋板の音が水に響いてその拍子が面白く、この拍子に浮かれて渡る人が多い。ここでは「国」が吉原遊廓の通りの名前、郡が妓楼の名前、そして名所が個々の遊女の個性を景色に託した表現である。海や山に譬《たと》えてのその景色から、その遊女を想像できるようになっている。

当時の遊女の最高峰といわれた扇屋の花扇は、「扇屋郡」の「花扇の社」つまり神社に託されている。「風流第一の御ン神」で、その境内も「春の花に詩歌の客を思ひ秋の月に連俳の士をしたひ」と、花扇の詩歌俳諧の教養を表現しつつ、その評判がある種の神話的権威を帯びていることを示す。一方、同じ扇屋郡でも、「かたらひの浜」は、自然に開けて筆が及ばない景色、と評する。「七こしが浦」は華やかで面白く、そこの酒は口当たりがぴんとしてそこに甘みがあり、酔うといつまでも醒《さ》めない、という評価。「滝川」は三代目の川水だが、勢いはますます盛んだ。

多くの遊女がこのように、景色として表現されている。そこから見えるのは、遊女たちそれぞれが持つ個性だ。「名所」は「名妓」である。そしてその名所を訪れ、その風光明媚《めいび》を眺め称賛するのは、もっぱら男性たちである。

とはいえ、『娼妃地理記』は日本が吉原に見え、吉原が日本に見える。極端に規模が違うのだが、日本を天皇と将軍の支配する神の国などと思っていると、所詮は吉原と同じじゃないか、という声が聞こえてきそうだ。これがサブカルチャーの力である。『娼妃地理記』は、「日本国」という現実の領域に、真っ向から「月本国」という国を対峙させ、そのサブ（下位）の位置よりメイン（上位）の日本を眺めやる、という視線を持つ。そのサブの視点に、著者も遊客も遊女も同様に立っている。しかしながらそれぞれの現実世界では、現実の身体を持っていて、現実世界における遊客と遊女の差は大きい。

なお、『娼妃地理記』には続編がある。一七八三年（天明三）に蔦屋重三郎が刊行した志水燕十作『滸都洒美撰《ことしゃみせん》』である。これは『娼妃地理記』に記載された妓楼（郡）ごとの紋入りの提灯を、絵に描いてずらりと並べたものだ。月本国の郡に灯りを灯し、より現実的にしてみせた。

洒落本とは何か？

『娼妃地理記』にはもとになったと思われる本がある。洒落本の『華里通商考《かりつうしょうこう》』（一七四八年＝延享五頃刊）だ。これは一六九五年（元禄八）に西川如見《じょけん》が刊行した『華夷《かい》通商考』という、海外地理情報本の題名を使っている。『華夷通商考』は中国、朝鮮、琉球、台湾、フィリピン、ヨーロッパなどの、日本からの距離や位置、気候、人口、風俗などを書いたもので、日本の海外認識に大きな影響を与えた。一方『華里通商考』は、吉原国、品川国、ヲドリコ国、ビクニ国などを記載している。

洒落本とは何か。『華夷通商考』→『華里通商考』→『娼妃地理記』という変化に見られるように、それは「パロディ」「風刺」とも言えるが、むしろ権威を引きずり下ろして、ある場所に置く方法だ。「ある場所」とは遊里（遊廓）である。遊里とは江戸時代においてつまりは、「権威を引きずり下ろして置く場所」であったのだ。権威とは、日本国そのものであり、武士階級の思想・文化の礎である四書五経であり、仏教諸派であり、「ものの本屋」が刊行した漢詩文や古典の世界であった。それを知っている武士たちにとっては、自らの中の権威と役割が無意味になる世界が遊廓であり、そこには、現実世界では得られない解放感があっただろう。江戸の戯作や浮世絵全体を成り立たせていたのはこの、江戸時代の幕藩体制の現実を、「別世《べつよ》」に置いた時に見える別世界なのだった。したがって編集の方法は、その「置き方」にうかがえる。

もうひとつ注目すべきことがある。洒落本の基となっているのは、七〜八世紀に中国で書かれた伝奇小説『遊仙窟』であることだ。旅する主人公が神仙世界に迷い込み、そこにある家に泊まって女性たちと交わる話だ。それが奈良時代に日本に入り、その影響は『万葉集』から江戸時代にまで及んだ。とりわけ行くまでの行程が長い新吉原は、深山のごとく、まさに遊仙窟のようで、現実を離れた別世としての価値を高めたのだった。

洒落本とは中国の艶本《えんぽん》を日本化したものだから、最初は漢文で書かれた。そういう洒落本を読んでいると、もしかしたら、遊廓も遊女も、中国文化や中国の美意識の「やつし（パロディ）」ではないのか、という仮説になる。おそらくその通りだ。日本文化にとって遊里とは中国の文学作品『遊仙窟』の「写し」であり、下賤なものではなく、文明的なものに見えていた。したがって、江戸にしつらえられた吉原遊廓は、文化の象徴でなければならない。遊廓についてのそういう考えのもとで、吉原はかたち作られていった可能性が高い。

もう少し洒落本について書いておこう。

洒落本とは遊里における遊女と遊客の会話をもって構成するのが基本であるが、その方法的特質は、あらゆる権威を遊里という場所に置き直して笑ってしまう、というところにあった。一七五七年（宝暦七）の『異素六帖《いそろくじょう》』は中国の仏教書『義楚《ぎそ》六帖』を吉原に投げ入れたものだ。例えば後に花魁道中と言われる「太夫の揚げ屋入り」を、「漢詩」と「和歌」と「論」の三つで構成する。漢詩は『唐詩選』の劉禹錫《りゅううしゃく》の詩「紫陌紅塵払面来　無人不道看花回（都大路に舞いおこる紅の塵は、顔を払うようにおしよせる。その塵をまきおこして通る人は、誰でも、桃の花を見ての帰りだと言わぬものはない）」。和歌は、日本の百人一首の「乙女の姿しばしとどめん」。それらを組み合わせて編集する。さらにその後に、仏者、歌学者、儒者いずれかによる色道の「論」を、とても「真面目に」付け加えるのである。

同じく一七五七年の『聖遊廓』では、李白が吉原で揚屋を経営している。そこにある日、孔子、老子、釈迦がやって来る。孔子の相方は大道《おおみち》太夫、釈迦の相方は仮世《かりのよ》太夫、老子の相方は大空《おおそら》太夫、さらに陶淵明（相方は菊）、費長房（相方は鶴《つる》）、周茂叔（相方は蓮）、東坡（相方は舞台子の李節推）、韓退子（相方は孟東野）、他の客に文殊、目連、阿難、賓頭盧《びんずる》。たいこもちは鉄拐仙人と白楽天。この話は最後に大事件が起こる。釈迦と仮世が書き置きをして心中に赴いたのである。その書き置きは、梵字《ぼんじ》で書いてあって誰も読めない。そこに文殊、目連、阿難、賓頭盧がやってきて、読み解いてみせる。最後は心中もの浄瑠璃でよく語られる「道行」で終わる。

遊廓とはなんだったのか？　現実に存在した遊廓を超えて、これら洒落本が作り上げた方法は、遊廓の役割に別の面があったことを私たちに示す。それは江戸幕藩体制の理念を、身体の具体性の中に置くと、違って見えてくる、という方法だった。『聖遊廓』は権威を引き下ろしはするが、そこに侮蔑はない。むしろ儒学は「道」を示し、仏教はこの世が「仮の世」であることを指摘し、老荘思想は「空」を語っているのだ、と正確に知らせている。仏教が死を恐れるな、と伝えて自死を罪悪視していないことも自明だ。見方を歪めているのではなく、むしろ分かりやすくしている。聖人たちは身近にいるのかもしれない、と感じさせてくれる。

このように、中国と日本、難解さと分かりやすさ、雅と俗の対立構造の中で作られた洒落本だが、それが次第に変化していった。遊女と遊客の会話や、遊廓の従業員たちとの会話を詳細に書くようになり、脚本のようになっていったのだ。その変化は、一七八〇年（安永九）ごろに起きる。

例えば一七八〇年に刊行された『風流仙婦伝』の原話は中国の『遊仙窟』で、山中で女仙人に出会って俳諧と色道を学ぶという内容である。これは、会話ではなく地の文で書かれている。しかし同じ年に出されたと思われる大田南畝の洒落本『南客先生文集《なんかくせんせいぶんしゅう》』は、題名こそ学問の本のように見せているが、中身は会話で詳細に描く品川遊廓の様子だ。この辺りから、洒落本に会話体が多くなる。

一七八三年（天明三）に蔦屋重三郎が刊行した唐来参和の洒落本『三教色』は、空海の『三教指帰』をもじったもので、孔子と天照皇太神宮（男性）と釈迦が孔子の家に集まり、一緒に吉原に出かける話だ。そこで偶然老子に出会う。

孔子の家では弟子の子路が家事をしている。「魯国やから質の流れの書付が来やした」とまずは秘書のお仕事。孔子が夕食の支度のことを尋ねると「今朝（朝食）のあまりの羊の冷汁に豚の味噌づけさ。鶏の貝焼でもこしらへやせうか」といやに具体的だが、まさに中国人の食べ物である。その後、連れ立って吉原遊廓に行く。洒落本の伝統的な俗化、遊廓化であり吉原での会話は典型的なものとは言え、『聖遊廓』に比べると具体的で詳細を極めている。

同じ一七八三年に鶴屋喜右衛門が、ものからのふあんど（朋誠堂喜三二）の『柳巷訛言《さとなまり》』を出している。「里」つまり吉原遊廓の、「なまり」すなわち遊廓言葉のことである。序に、吉原の音は「江都の音にあらず万国を離れたる微妙の音声《おんじょう》なり」と言う。江戸にありながら遊廓言葉は江戸言葉ではない。いや、どこの言葉でもない。全ての国から離脱した微妙な音を持っている、と言うのだ。

そして、「此書皆傾城《けいせい》の言にして」「全部実事にして一言の私意を加へず聞《きく》ままにこれこれをしるし」と書いている。ここに書くのは全て遊女たちが実際に言ったことで、私の勝手な解釈はいれていない、全てこの耳で聞いた言葉だ、と。

吉原言葉は、吉原で人工的に作られた言葉だ。遊女たちは禿の時から吉原言葉で生活する。こうして遊女は出身地がわからなくなり、「地女」と呼ばれる現実の女性とは異なる、土地から遊離した天女のような「特別な」存在になるのである。

遊廓言葉は店ごとにいくらか違う使い方をする。『柳巷訛言』はそれを忠実に洒落本に記録しようとしているのだ。このような「事実」への関心とドキュメンタリーの姿勢は、このころから生まれてきた。

その中に、こんな会話がある。

「わつちや（私は）いつそ、侍になりたふありいす」……

「なぜ」
「アイサ侍はネ、有りもせぬ軍《いくさ》を請合て、知行（領地）とやらを取て居なんすからさ」
遊廓言葉での会話をそのまま記録している。それがずばり、幕藩体制の矛盾を突いている。江戸時代は約二五〇年間、戦争がなかった。しかし徳川将軍も含めて大名たちは領地を持ち、家臣の武士たちはその領民の年貢で生きていた。領地を与えられていた理由は、戦国時代の恩賞を基礎に徳川支配のもと、戦時には参戦するためだった。日常で働いていないわけではなく官僚仕事の毎日とは言え、建前は「軍事《いくさ》を請け合って」いるのである。しかしそれは絶対ないとは言えないまでも、ほぼゼロに近かった。今で言えば、「有事」という言葉で国民から税金で軍事費を徴収し、使いもしない武器を発注して、軍事企業を儲けさせ、その企業から入ってくる金を裏金として配分しつつ、同時に選挙運動に使って議員の給与をもらい続ける、という構図である。

このように洒落本は和漢、雅俗の対立構造の中で、遊里の日常の中に漢や雅を引き込む装置だが、同時にドキュメントの装置でもあった。朋誠堂喜三二には吉原に対する考証学的とも言える客観的記録的関心があったのだろう。

同様の「言葉の事実」への関心は、一七八四年（天明四）に上総屋利兵衛が刊行した烏亭焉《うていえん》馬《ば》の『太平楽記文』にも見える。前年の四月二五日、柳橋の河内屋で「宝合わせの会」が開催された。それは絵入りの『狂文宝合記』全三巻として後に刊行された。天明狂歌の盛り上がりを象徴する記念碑的な催し物だった。『太平楽記文』はその中の烏亭焉馬の語りの部分を抽出して刊行したものである。

これが契機となって烏亭焉馬は「咄の会」を主催するようになり、それは記録され、やがて落語の興行につながっていった。その後も落語は口述筆記されるようになり、日本語の大きな財産になっている。その過程で生まれたのが、式亭三馬の『浮世風呂』『浮世床』の活写である。これらは江戸庶民の思想と生き方と人間関係を明瞭に表す重要な資料となった。

洒落本はこのような「話し言葉の記録」を経てさらに、着るもの、しぐさ、表情、くせなどを詳述するようになっていく。それが遊廓に行く人々への指南として書かれている時もあれば、明らかに記録的な関心で書かれている時もある。この洒落本のドキュメンタリー性は、山東京伝の登場で、さらに進展していく。

新ジャンルの登場——洒落本から黄表紙が生まれた

一七七五年（安永四）は出版史上、特筆に値する年であった。前にも述べたように、後に「黄表紙」と呼ばれる、恋川春町《こいかわはるまち》作・画『金々先生栄花夢《きんきんせんせいえいがのゆめ》』が鱗形屋孫兵衛から刊行されたのだ。新しいジャンルの登場である。

蔦屋重三郎は同年の三月に『青楼花色寄』あるいは『急戯花之名寄《にわかはなのなよせ》』と題する本を刊行し、七月に初めての蔦屋重三郎版の吉原細見『籬の花』を刊行したので、重三郎にとっても忘れ難い年であった。同時に、江戸書籍の歴史にとっても忘れてはならない年なのである。では『金々先生栄花夢』とはいったいどういう本なのか。

『金々先生栄花夢』は、「今はむかし、かたいなかに金むらや金兵衛といふ者ありけり」と、『竹取物語』の始まりのような、あるいは『伊勢物語』の始まりのような書き出しで始まる。全てのページが絵でできている「絵本」だ。その意味では、それまで江戸で刊行された赤本（お伽話が多い赤い表紙の本）、黒本（芝居や浄瑠璃に由来する敵討話などが多い黒い表紙の本）、青本（黒本と同様の内容で、藁色の本）と同じ作りになっている。昔話のように始まるのも、それら絵本の仲間だからだ。現代で言えば漫画、コミックに近い。しかし決定的に違うところがあった。それは、その二年前に刊行された洒落本『当世風俗通《とうせいふうぞくつう》』の絵本版、とでもいうべきものだったことだ。

つまり『金々先生栄花夢』は、漢籍のパロディでありながら、遊里を舞台に会話体で進められる「洒落本」を絵本にした世界だったのだ。この洒落本『当世風俗通』は朋誠堂喜三二が作者で、恋川春町が絵を描いていた。恋川春町は駿河小島藩の現役の武士で、名を倉橋格《いたる》という。狂名を酒上不埒《さけのうえのふらち》と言い、絵も描き、作家としても天才的だった。

『当世風俗通』は題名の通り、その時代の男性の、極めつきのお洒落を案内した本である。「極上息風《ごくじょうのむすこ》之図」「同変化体之図」「上息風《じょうのむすこ》之図」「中息風《ちゅうのむすこ》之図」「下息風《げのむすこ》之図」「異体六品之図」「時勢髪八体之図」という順番で、襦袢《じゅばん》は浅黄羽二重、下着（重ね着をしたので下に着る着物のこと）は無垢（表裏を同じ布で仕立てたもの）、上着は黒羽二重紋付、羽織も黒羽二重、帯は博多縞、黒縮緬の大坂頭巾、その他巾着、脇差、傘、足袋、キセル等々、細かく着るものを記述する。そして髪型である。当時は「本多髷」一辺倒だが、それがまたさまざまな本多髷があり、それが言葉でも絵でも描かれている（図18）。

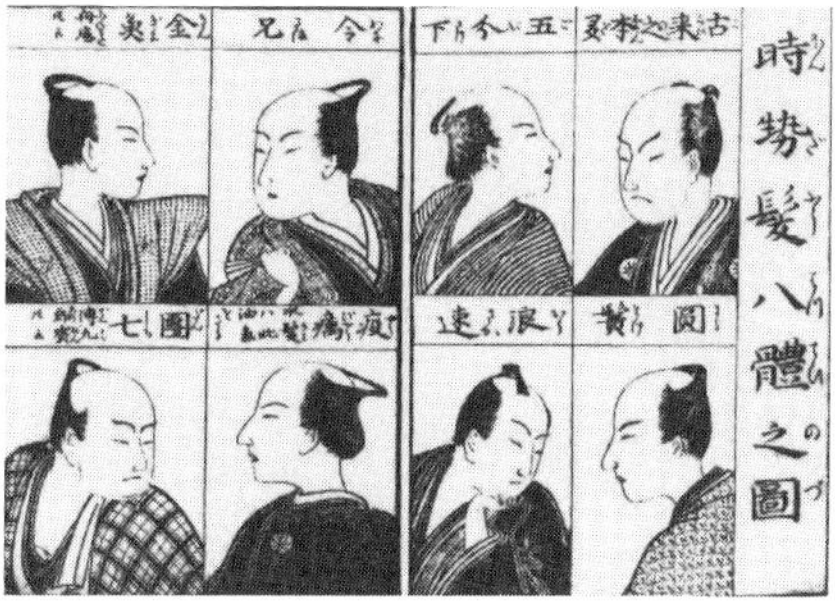

図 18『当世風俗通』より「時勢髪八体之図」

男性のお洒落への情熱は、今とは比べ物にならないくらい強いものだったが、読んでいるとそれが真剣なマニュアル本なのではなく、「ああ、こういうやついるよね！」と笑いの対象になっていたのではないか、と思わせる。その中の「上息風之図」（図19）の男性が、『金々先生栄花夢』の「金むらや金兵衛」さん（図20）なのである。

地方から出てきたばかりの金兵衛はすすけた髪をしてい

図19『当世風俗通』より「上息子風之図」

図20『金々先生栄花夢』の「金むらや金兵衛」

るが、大店の跡とりになって遊廓で遊び始めると、たちまち髪型から着るものまで上息《じようのむすこ》になる。武士なのに、当世風俗にみょうに詳しい恋川春町こと駿河小島藩士・倉橋格は、ファッションを学んだ後、それを都会に染まった金兵衛に取り入れて「江戸の金むらや金兵衛」を作り上げ、青本を一変させたのだった。ここに新しいジャンル「黄表紙」が生まれた。

　蔦屋重三郎が版元として独り立ちした時代とは、そういう時代だった。洒落とは「お洒落する」ことであると同時に、それ自体が「ジョーク」なのである。

　ところで『金々先生栄花夢』は洒落本の絵本版であるから、やはり中国の物語のパロディだ。もとになった中国の『枕中記』は、主人公の盧生《ろせい》が邯鄲《かんたん》という都市で黍《きび》が炊けるのを待つ間に眠ってしまい、皇帝の補佐に登りつめる夢を見るのだが、夢が覚めると同時に立身出世のつまらなさが身にしみて去っていく物語だ。これは能の『邯鄲』になって日本に広まった。能『邯鄲』でも、五〇年間の栄華が単なる夢だったとわかり「何事も一炊の夢」と、故郷に帰っていく。『金々先生栄花夢』もまた、金持ちになって遊び呆けたのも目黒の粟餅ができる間の夢だったとわかり、村に帰る。中国の故事が日本の物語や謡曲となり、それがまた戯作となっていく。

江戸時代の歌舞伎には「世界」と「趣向」の編集方法があった。「世界」は古典物語の世界で、「趣向」は今の現実や事件である。戯作も浮世絵も、同様の「やつし」の方法を持っていた。編集者はそのことを熟知しつつ、本を作ったのである。

もとになる物語は、日本と中国を見渡せば無数にある。「見立て」と「やつし」、「世界」と「趣向」の仕組みをうまく、面白く、現代社会を見通しながら使えば、新しい物語、歌舞伎、浄瑠璃、小説その他、いくらでも創造が可能なのである。これは江戸時代だけでなく、その方法さえ心得ていれば、今でも無限に創造できる。「古いから」と切り捨てたり、無視したり、読もうとしなければ、もったいないことに、宝の持ち腐れである。

恋川春町は駿河小島藩の現役の武士であり、朋誠堂喜三二は秋田藩の現役の武士であった。

鱗形屋孫兵衛は単なる細見業者ではなく、彼らの教養と才能を十分に活かす経験と能力のある編集者だった。武士を江戸の文化創造の世界に迎え入れ、招き入れたことで、絵草紙屋という庶民のためのメディア企業は、一気にその質を上げた。蔦屋重三郎はこの鱗形屋の仕事を、どういうまなざしで見ていただろうか。それは記録がないが、重三郎の仕事もまた、公家と武家の文化を吉原に招き入れ、吉原の文化を一気に高めている。

鱗形屋はすでに述べたように万治年間（一六五八〜一六六〇）に出版業を始め、江戸で上方の八文字屋本を売り、その影響を受けて生まれた赤本、黒本、細見など江戸特有の出版物を長い間にわたって刊行したが、一七八〇年代に廃業した。江戸の老舗が、とりわけ「黄表紙」を開拓したことで、歴史に刻まれた。その姿を見ながら、鱗形屋の最後の仕事を担っていた恋川春町、朋誠堂喜三二とともに、蔦屋重三郎は江戸出版界に、ようやく自分の名前で出ていくことになった。

洒落本からドキュメンタリーが出現

一七七五年（安永四）、黄表紙という新ジャンルが幕を開けたとは言え、次々と面白い黄表紙が出てくるかと言えば、そうは行かない。このジャンルは難しい。それまでのように、耳慣れた物語をちょっとひねって絵を入れれば済むというものではない。恋川春町が上げてしまったハードルを飛び越えることがどんなに難しいか、作者の立場や編集者の立場に立ってみると、よくわかる。黄表紙はいわば、今の漫画だ。ほとんどの場合、漫画家は自分で絵を描きストーリーを運ぶ。そうでない場合は、よほど互いに理解しあっている原作者と作画者が相談し合いながら作る。全てのページが絵でできている黄表紙も同じで、見開き二ページでどう構成すればセリフが上手く入り、地の文のスペースを取れるのか。どう運べば物語がわかりやすく、しかも腹を抱えて笑えるか等々、息が合っていなければなかなかできないだろう。

恋川春町は自分が作家であり絵師でもあったので、そのハードルを越える作家は、しばらくいなかった。そこに、深川の質屋に生まれた町人で、若い頃から仕事をしているプロの浮世絵師、北尾政演《まさのぶ》が現れた。

この浮世絵師は、挿絵を描くだけでは満足できず、「作家・山東京伝」という別の自分をこの世に出現させた。やがて江戸時代を代表する黄表紙作家、洒落本作家、合巻本作家、読本作家、風俗研究者となる人物である。また、後に蔦屋重三郎とともに幕府の咎《とが》めを受け、手鎖《てじょう》の処罰を受けることになる作家である。

山東京伝はすでに何作もの黄表紙を出していた。とりわけ満二一歳の時に『御存商売物《ごぞんじのしょうばいもの》』という、当時の出版界を見渡しつつ、本の興亡を見事に描いた傑作を、版元・鶴屋喜右衛門から出している。この黄表紙を、大田南畝が高く評価し、人気作家になっていた。ここでの「商売物」とは、絵草紙屋（地本問屋）が扱う商品全体のことで、浮世絵、黄表紙、富本正本《とみもとしょうほん》（富本節の詞を記した本）、ゲーム類などを指す。そこに上方の八文字屋本や、古典の『源氏物語』『徒然草』などが絡む。それらの本が全て「人間」になって登場する。現代のアニメの構想に極めて近い。

老舗の版元・鶴屋喜右衛門の作家、という印象が定着していたに違いない京伝に、蔦屋重三郎が黄表紙の執筆を依頼して引き受けてくれたその大きな理由は、そもそも黄表紙というジャンル成立の由来である「洒落本の絵本化」という方法を、蔦屋重三郎なら提示し、情報提供し、共に制作できたからだろうと思われる。

すでに洒落本について、「遊里の日常の中に漢や雅を引き込む装置だが、同時にドキュメントの装置でもあった」と述べ、「朋誠堂喜三二には吉原に対する考証学的とも言える客観的記録的関心があったのだろう」と書いた。それは山東京伝も同じだった。とりわけ京伝はその客観的記録的関心が生涯続き、後に、江戸時代の衣類や人の様子を考証学者のように詳細に表現するようになる。

また洒落本については、「『話し言葉の記録』を経てさらに、着るもの、しぐさ、表情、くせなどを詳述するようになっていく。それが遊廓に行く人々への指南として書かれている時もあれば、明らかに記録的な関心で書かれている時もある」とも書いたが、山東京伝はまさに「指

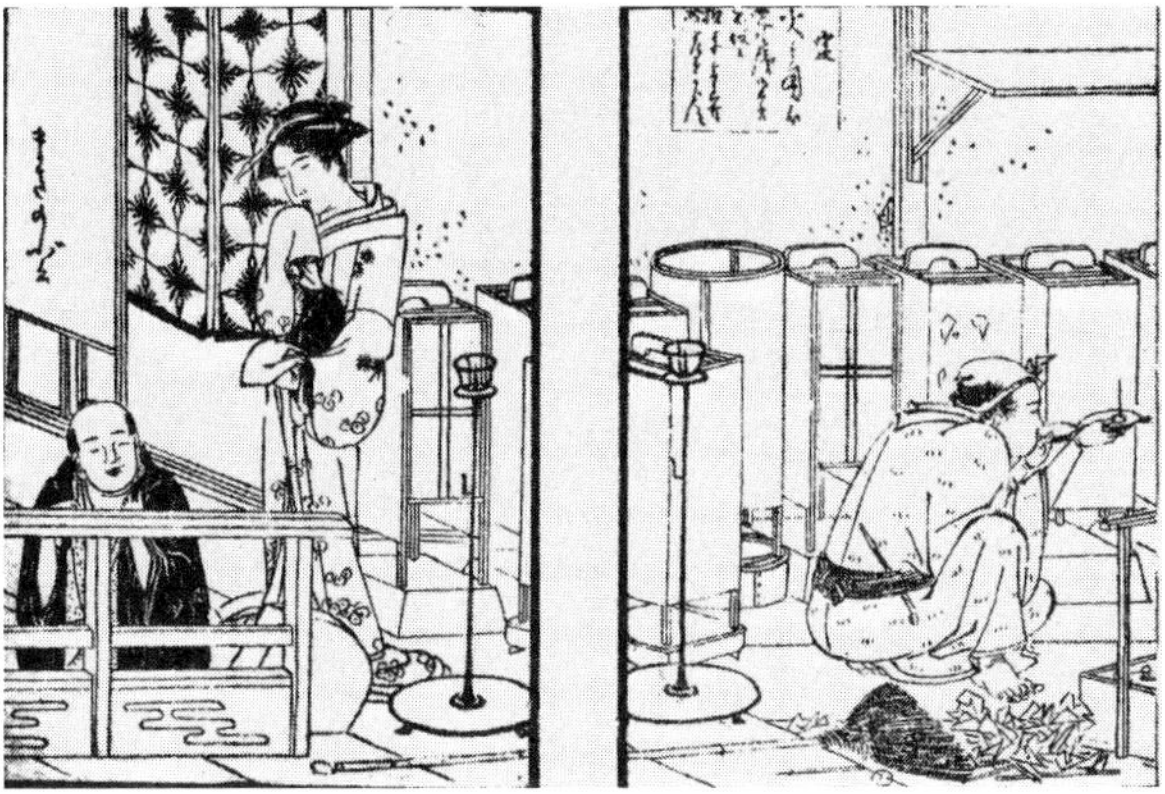

図 21 洒落本『息子部屋』

南」から始まって「記録」に抜けていった。しかしそれこそが、手鎖につながったのである。

洒落本が記録媒体になっていく過程には、さまざまな版元が関与していた。その作者たちは、大田南畝、朋誠堂喜三二、山東京伝などだった。天明狂歌の動きと連動しているその作者たちの方法的関心を受け止め、その後ずっと刊行し続け、その結果、取り締まりの対象にもなったのは、他の版元ではなく、蔦屋重三郎その人だった。洒落本にとっては恐らく一七八二〜八三年（天明二〜三）がその実験の時期で、一七八五年（天明五）に次々と形になっていく。この年は狂歌、狂詩にとっても重要な年なのだが、そのことは後にまとめて書こうと思う。

一七八五年、蔦屋重三郎は山東京伝の洒落本

『息子部屋《むすこべや》』を刊行する（図21）。当初の題名は「ムスコビヤ」という。これはオランダ語のMoscovië のことで、無論ロシアのモスクワのことだが、都市を指すのではなくオランダ東インド会社が日本で売っていたモスクワ製の革製品のことを言った。しぼ（皺文）のある独特の革で、巾着などにしていた。

オランダ東インド会社は、日本に金唐革をはじめとして多種類の皮革製品を持ち込んでおり、日本人はそれらを主に巾着や煙草入れにしていたのである。当初の通り『ムスコビヤ』という題名にすればよかったが、おそらくそれでは、当時「物之本屋」が扱っていたアムステルダム刊行本の翻訳か何かと勘違いされたであろう。ちなみに山東京伝の家にはオランダ東インド会社マークのついた暖簾《のれん》がかかっていたようで、しばしば絵で見かける。質屋に生まれた山東京伝は、子供の頃には中国の生糸の貿易に使われた印鑑「糸印《いといん》」を、父親からもらって大事にしていた。手習いで使っていた机は、生涯にわたって仕事に使い続けた。面白いもの、気に入ったものを、とても大事にしたのである。それが後に、工芸品の一種である煙草入れの店を開く理由でもあったろう。

さてその『息子部屋』だが、いわばドキュメンタリストの観察眼で書かれた「指南書」だ。「後朝《こうちょう》の客五ツの見やう」という観察記録では、朝、遊廓を出発しようとしている客の分類をする。「もてたる客」「ふられたる客」「口舌（喧嘩）したる客」「あやなされたる（あしらわれた）客」「一通りにあそんだる客」。これらの客のそれぞれの顔や態度を詳述した後、どんな場合でも「平気にて有るべし」つまり「平常心を保て」と指南する。

次は「女郎五ツの見やう」だ。遊女の性格は「百人百色」だというから実に個性的で、その個性を表現する。個性の見分けかたは、容貌や身体的特徴ではない。「きよろきよろ」する、「につこりとわら」う、「さしのぞ」く、「高わらひ」する、「むしやうにつんとする」「しつぽりとをちついて見へる」等々、動作、振る舞い、表情である。しっかり観察しなければ、これほど細かくは書けない。

遊廓ではふつう初会から床入りはしないが、遊女の意思で初会から床入りをすることがある。座敷におけるその兆しを、やはり遊女の表情や振る舞いで見分けるための詳細な描写をする。逆に遊女のために、悪遊びをするたちの悪い男の振る舞いを描く。あるいは遊客のために、「けいせいにまことなしといふ事、至極尤《もつとも》なり。おおくの中にて、一人に誠あるを以て、けいせいに誠ありとはいひがたし」という事実を告げる。つまり、遊女はたった一人の人に恋をして誠を尽くすことがあるのだが、それは残りのすべての男性には恋心を持っていない、ということなのだ、と書く。これは遊女に限らず至極もっともな人間論であろう。ただし遊女は、恋心を持たない残りの客たちに、恋をしているかのように振る舞うのが仕事なのである。

『息子部屋』に、遊女とはどういう仕事なのかを示す面白い表現がある。

商売なれば、にくいとおもふても、かわいそふな身ぶりをし、そつちへのけといひたい口から、こつちをむきなんしといひ、よこつらをくらわせたい手で、だき付は尤なうそなり。此虚《うそ》はうそにてうそにあらず。勤《つとめ》の道をまもるのなり。かくつとめるも何の為ぞ。世渡りの為なれば……女郎も我も互に気が合、実があらバ、勤の身なればとて、恋も情も有べし。是、天の道理……

商売なのだから、嫌な人だと思っても心を寄せているような振りをする。「そっちへ行ってよ」と言いたい口で、「こっちを向いて」と言う。横っ面を叩きたいその手で、抱きつく。これらは無論「嘘」なのである。しかしこの嘘は嘘であって嘘ではない。勤めの道を守るためである。このように勤めるのも世渡り、つまり生活のためなのである。とは言え、互いに気が合い、実の気持ちが通じれば、勤めの身だと言っても恋も深情もあるのが、天の道理というものだ、と。

遊女の辛い立場をよくわかっているが、ここにも「勤め」という言葉が出てくる。つまり「役割」だ。今でいう「仕事」とは異なる。現代の仕事は労働基準法があり、女性も江戸時代よりは、多くの選択肢の中から仕事を選ぶことができる。やめることもできる。生活の場は自由だ。健康は守られる。経験を積むに従ってキャリアも収入も上がっていく。それが仕事だ。しかし遊女という勤めにはその一切がない。そのことに、江戸時代に生きている筆者は気づいていない。

それでも気持ちは寄せている。冷徹に客観的に観察しているわけではない。同じ人間だ、という発見をしつつ観察しているのである。遊女という「仕事」の性質から導き出される言動を、一人の人間としてどう見てどう受け取るか、という問題なのである。例えば「あいつは嘘つきだ」という言葉は、その人柄全てを否定することになるが、その言動のほとんどが生きるため（遊女の場合は借金の返済のため）であるならば、その全体の中には誠があるだろう、と言っている。その誠が自分に向いていないからと言って、客観的に嘘つきだとは言えないのである、と。

この洒落本の最後に書かれた「女郎の身のうへ」には、多くの人が心打たれたであろう。ここにあるのは劇場空間・吉原の、豪奢《ごうしゃ》な女優としての遊女ではない。油揚げ、茄子の漬物、蕎麦の用意、襖障子の張り替え、畳替え、元結、紅白粉、櫛笄《くしこうがい》、小袖の新調、禿や妹女郎のための鼻紙、タバコその他延々と続くのは、遊女が自分の金で都合しなければならないさまざまな物の一覧である。客が支払う金は妓楼の主人の懐に入り、借金が少しずつ消えて行く。しかし同時に、食事をし、身の回りを綺麗にし、禿や妹女郎に親身になってやるための費用一切は、逆に借金を増やしていく。

ここまでの遊女の記述は一七六八年（明和五）刊、酔郷散人撰『古今吉原大全』の序を使っていることが知られている。それらを使いながら、「胸つぶるる身のうへかな」と結びつつ、そう思うと気持ちが「はまる」だろうが、「人間万事中用にしかず」と、読者には最後の指南をする。同情が過ぎてもいけない。何もかも「中庸」が大事なのである、と。これは遊女の身の上を私たちに訴える小説ではなく、あくまでも、指南書なのであった。

上面を撫でるのではなく、物書きと絵師たちが世の中に目を凝らし、耳を澄ませるようになった。蔦屋重三郎は山東京伝の、『御存商売物』のような活気に満ちた社会観察とはまた異なる、観察しながらも、人間一人一人の人生を見つめ、心を寄せるその特性を、引き出したのではないだろうか？

洒落本ドキュメントは次々に開花していくのだが、この年に出た洒落本の傑作を、もう一冊見ておこう。すでに案内した唐来参和の『和唐珍解《ホウトンチンケイ》《わとうちんかい》』（図4）である。花柄更紗のアジア的表紙を開けると、中国語が飛び込んでくる。単なる漢文ではない。漢文の右にはカタカナで中国語の発音がぎっしり書かれ、漢文の左にはひらがなで和訳がぎっしり書かれる。この序文における両ルビはそのまま本文に移り、洒落本の定型たる会話体でシーンが進む。登場人物は中国の商人李蹈天《りとうてん》、その従者、そしてもう一人の崑崙人《こんろん》（アジア人）の従者、さらに通訳の和田藤内である。李蹈天や崑崙人が話す時は漢文になり、右に中国語発音、左に和訳文が記載される。和田藤内や廓の日本人たちが話すときは、和文で表記される。ちなみに和田藤内は和藤内（鄭成功）のことを暗に示している。李蹈天は、鄭成功の活躍する近松門左衛門の浄瑠璃『国性爺合戦《こくせんやかっせん》』における、鄭成功の敵役である。洒落本の伝統である中国→日本、漢詩文→和文、中国人→日本人という上下関係は消滅し、ここでは権威を引きずり下ろすまでもなく、全く同じ地平にある。遊女は栴檀《せんだん》である。この名前は、やはり『国性爺合戦』に登場する皇女の名前だ。『和唐珍解』はお馴染みの『国性爺合戦』を使いながら、漢詩文の権威を遊廓の中で俗化することから抜け出て、オランダ東インド会社の「ムスコビヤ」と交差しながら海の向こうを遊廓に映し取った。蔦屋重三郎は、遊女とその生活へ、虫の目のようにぐっと目を近づけて観察する「クローズアップ」と、ぐっと目を遠くに引いて空から見る鳥瞰視線との両方を、編集したのである。

一七八六年（天明六）、蔦屋重三郎は山東京伝の洒落本『客衆肝照子《きやくしゆきもかがみ》』を刊行する。これは一五年さかのぼる一七七一年（明和八）に刊行された勝川春章画の役者絵『役者身振氷面鏡《やくしやみぶりひもかがみ》』の役者を、吉原の遊女と客に入れ替え、吉原という舞台でどのように人々が役を演じているかを、絵入で描いた本だ。

冒頭、振袖新造の振る舞いとセリフを、舞台の「出」のように記録する。「帯のとけたを、かた手にもち」ため息をついて顔にかかる前髪を手でよけながら「じれつてエよ」と言い、顔をしかめて左の肩と共に身を震わせ、左の足をトンと一つ踏む、と。こんなふうに舞台上の役者の動きを記録するように書き続けていく。せりふ「アレサモウ」。

次に禿が寝巻で登場。「ときやうさんに、おゐらんでおつせへす」と客に話しかける。ときやうさんとは、画家で姫路藩酒井家の武士、酒井抱一《ほういつ》（尻焼猿人《しりやけのさるんど》）のことである。そしていよいよ花魁が打掛で登場する。「出は、しつとりと品よく」なのだが、その様子は遊女によって異なるという。扇屋の花魁は遊女花扇が伝えた振る舞いで、左の袖をちょっとつまむ。丁子屋の花魁は少しかがむ。松葉屋の花魁は少し早足で歩く等々、詳細に紹介し続ける。そして客の登場だ。上州の鳶八丈の小袖に黒い半衿の勇み肌の男は、長唄と役者の声色が得意。長羽織の男は顔に畳の跡がついている等々。これもさらに続く。茶屋の女将さん、遣手、着流しの通人《つうじん》風、商人、僧侶、踊り子が、イラスト入りで次々に登場する。

遊廓が劇場に譬えられるのはよくわかる。遊廓は劇場なのだ。だいぶ後になるが、山東京伝は一八一〇年（文化七）刊行の『腹筋逢夢《はらすじおうむ》石《せき》』で、動植物を演ずる人間たちを描いた。これは中国の李漁の戯曲による崑曲《こんきょく》『蜃中楼』の鸚鵡石、つまり声色模倣パロディ演劇だった。崑曲とは京劇の前にあった中国のオペラで、江戸時代の大半は、中国では崑曲の時代である。

蔦屋重三郎が後に写楽の芝居絵を出すことは知られているが、この時代の絵師、作者、版元は、今の我々のように創造のジャンルを細かく分けたりはしていない。遊廓が演劇として捉えられ、そこにいる人々が全て登場人物と考えるのは、間違ってはいない。やがてその感覚は現実世界にまで広がり、この世を生きる人々も役者のように見えてくるとしても、さほど間違ってはいない。なぜなら江戸時代とは、家や社会の中の「役割」を果たす高度で綿密な「役割社会」だからだ。社会というものは多かれ少なかれそういう側面があるもので、日本独特、時代独特というものでもないだろうが、しかし江戸時代は極めて綿密な役割社会である。遊女が自分を借金のかたとして遊廓に入ったとしても、そのために病になり命を縮めたとしても、彼女自身は「娘の役割」を立派に果たしたという誇りを持つ。これは武家の娘が政略結婚で不幸になったとしても誇りを持つことと同じだ。役割を果たすことの前では、命は価値が下がる。他者のまなざしも、命に執着するより役割を果たすことを「美しさ」と捉えた。

アバターの演じるドラマ『江戸生艶気樺焼』

山東京伝が、蔦屋で刊行した最初の黄表紙が一七八五年（天明五）の『江《え》戸生《どうまれ》艶気《うわきの》樺焼《かばやき》』である。京伝満二四歳、蔦屋重三郎三五歳のときである。「江戸生まれ」とは「江戸っ子」とそ

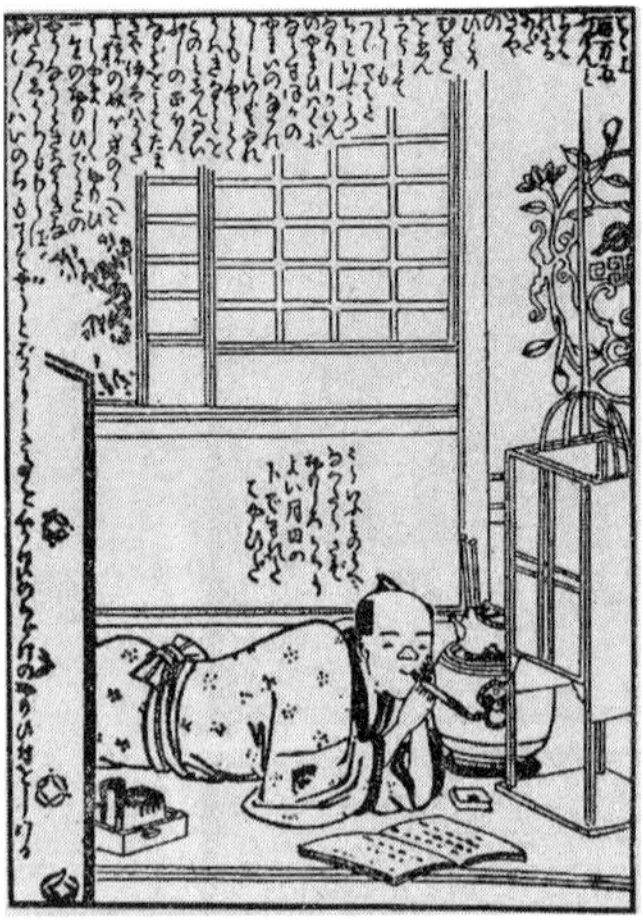

図22『江戸生艶気樺焼』の艶二郎

の気質のことを指し、「艶気《うわき》」とは、上方で井原西鶴が「好色」と表現していたことがらの江戸の言い方で、樺（蒲）焼とはうなぎの蒲焼から始まった、濃厚なタレをつけて焼く江戸料理で、「うわきの樺焼」と「うなぎの蒲焼」の地口（駄洒落）である。「江戸」だらけだ。この黄表紙は、まさに世間からのまなざしを内面化し、世間に流布しているお馴染みの心中物語に自ら入っていって、そこで芝居を演ずるという黄表紙である。

山東京伝はそのためにまず、役者を作った。その名を仇気屋《あだきや》艶二郎《えんじろう》という。丸顔、やぶにらみ、鼻が上に向いている。この艶二郎が「艶気」でありたい、と願った。これは、平安時代から一七世紀までの言葉で言うと「好色」である。「好色」は、和歌や音曲や物語に価値を置いた貴族的な感性のことだ。「色」とは「色即是空」というように、五感がとらえるあらゆる現象をさすが、日本の貴族社会の和歌や物語は「恋」にその五感のテーマを託すことが多く、「色」が現象とともに恋に結びつくことになった。これが江戸後期の町人社会では「艶気」となり、「粋」「通」という美意識をまとった生き方とされた。

ところで、艶二郎が「艶気」でありたい、と思うようになったきっかけは「本」だ。黄表紙は一種の漫画であるから、最初のページは「本を読む艶二郎」だ（図22）。読んでいる本が新内節正本であることが、書き入れの文章でわかる。江戸時代は芝居で使う音曲を本にもした。ちなみに、山東京伝の家にあるはずのオランダ東インド会社マークの暖簾が、艶二郎の家にもかかっていることから、この艶二郎が山東京伝のアバターであることがわかる。

新内は義太夫浄瑠璃などと同じ語りもので、長唄や義太夫とともに新内の語り本も大量に出版され、読むことができたのである。江戸時代における物語とは、小説ばかりではなく、芝居、語りもの、唄など様々なジャンルを読むことが可能であり、多くの人々を引きつけていた。艶二郎は新内正本を読むうちに、「艶気」になって遊女と心中する主人公になりたくなった。さてどう自分を演出するか？　最初に艶二郎がとりかかるのは、めりやす節だった。めりやす節とは、歌舞伎の舞台で役者の動きに合わせて自在に長さを変えながら三味線と独吟で唄う音曲だ。沈んだ音調が多く、いわばブルースである。

さて、艶気になるために覚えねばならないそのめりやすの題が六八曲、並べられる。さらに女性の名前の入れ墨をいくつも入れる。次に押し掛け女房が「惚れた」と言って押し掛けてきて、艶二郎の両親を困らせる。艶二郎が友人に頼んで雇わせた女性だ。それを読売（瓦版）に

図23『江戸生艶気樺焼』より（左から二番目が艶二郎）

書かせて、売らせる。いよいよ遊廓に行くと、遊女に惚れられる。これも仕込み済みであった。家に帰ると、焼きもち役を演じている妾に妬《や》かれる。遊女との比翼《ひよく》の紋を入れた提灯と手拭いを作らせてあちこちの神社に奉納する。「もてすぎてならず者たちに殴られる」というシーンを手配して喜び、勘当するように親に頼み込み、芸者にお百度参りを依頼し、美男がすることになっている地紙（扇の紙）売りをして皆に笑われ、いよいよ遊女と心中の準備をする。二人の辞世の句は、北尾重政の描いた蓮の絵の紙に書いて刷り物にして吉原じゅうに配り、芝居の座元（プロデューサー）には、出資者になる約束をして、桜田治助にこの心中を浄瑠璃に作らせることにし、さらにそれを、市川門之助と大スター瀬川菊之丞の共演で、舞台に乗せる計画を立てる。この心中準備がまるで芝居の楽屋で、髪結がきていて艶二郎の髪を結い、座元と思われる人物が帳面を広げ、そこに芝居の小道具が広がっているのが可笑しい（図23）。皆承知の上なのに、わざわざ格子を壊して家を抜け出し心中に出発するのも笑える。しかし、脇差しはじつは木刀。ようやく心中の場所にたどりつくが、そこに追い剝ぎが出て、二人はまたたくまに真っ裸。心中道行きの浄瑠璃は、裸の二人の背景に流れるのだった。

図24『通言総籬』

以上、艶二郎が演じた項目は一九項目。艶二郎は人生を生きたのではなく、本を生きた。新内を演じた。

実際の人生より書物の上の物語が先行する。これは、騎士がいなくなった時代に騎士物語を読みすぎて騎士を生きようとしたドン・キホーテと同じだ。セルバンテスの『ドン・キホーテ』が刊行されたのは一六〇五〜一五年。『ドン・キホーテ』では、一緒に暮らしている姪が叔父のことを心配し、とうとう、本を全部燃やしてしまう。ところが、もうその時はすでに遅かった。ドン・キホーテはすべての騎士物語を読んでしまっていて、ついにその実践に移ったのだった。本が人の人生を書く時代は逆転し、人が本に書かれている人生をなぞる、そういう時代が世界的にやってきた。これが、印刷・出版が社会の基盤となった社会のありようだったのである。

山東京伝が見ている世界を見ている蔦屋重三郎

このような「洒落本の黄表紙化」の後に、とうとう山東京伝の本格的な洒落本が出現した。艶二郎ならぬ艶治郎を主人公にした一七八七年（天明七）刊の『通言総籬《つうげんそうまがき》』である（図24。前ページ）。この作品は洒落本の伝統である「漢詩文に挨拶する」ことで、漢詩文のパロディであることを明らかにする作法を欠かさないが、それ以外はいくつもの点で、まさに「この時代」を編集している。

まずは挨拶だ。序の後にわざわざ「凡例」を入れる。そこに三つの凡例を記載する。第一は「此書ハ論語ニ所謂《イハユル》。損者三友ヲ以《モッ》テ大意トス」である。『論語』には、不正直、不誠実、巧言を操る友を、益のない友人の三種類とする。あえてこの三人が集うのだ、と。第二はその三人である艶治郎、北里《きたり》喜之介、わる井志庵は黄表紙『江戸生艶気樺焼』から借りてきたのだ、と。第三は、花魁、新造、禿の言葉は、「其儘《ソノママ》ヲ記《シルス》」と。これらの凡例をわざわざ漢文読み下し文で書くところが「洒落本」だ。

しかしその凡例の三番目、吉原の女性たちの話し言葉を、忠実にその音のまま記録するという決断が、「記録としての洒落本」に舵を切った、山東京伝の洒落本の特色ある方法だった。山東京伝はその調査と記録の姿勢を、ずっと後の考証学研究活動『近世奇跡考』(一八〇四年＝文化元)『骨董集』(一八一四〜一五年＝文化十一〜一二)まで保ち続けた。

もう一つ「この時代」が明確に見えるのが、冒頭である。「金の魚虎《しゃちほこ》をにらんで。水道の水を。産湯《うぶゆ》に浴《あび》て。御膝元に生れ出ては」と始まり、「江戸ッ子の根性骨」と続く。つまりこの洒落本は、これを書いているこの時代の「江戸ッ子」の物語なのだと宣言する。もはや洒落本は漢を和に引き込み、雅を俗に引き下ろす方法ではない。今この瞬間に生きて動く若者が、その目に映ること、その耳に聞こえることを詳細に記録する方法を持ったものだった。ちなみにこの時代、江戸城に金のしゃちほこは無い。それをつける天守閣が、すでに焼け落ちてしまっているからである。幕府に再建の意思もないほど、平和が続いていた。したがって金のしゃちほこと水道は、百年以上前の江戸の自慢話だ。

続く艶治郎、わる井志庵、北里喜之介の女房の着物、持ち物、動作振る舞い、言葉などが詳細に書かれるのは『客衆肝照子』以来の方法だ。北里喜之介の家に二人が立ち寄り、そこで鰻や茶漬けなどを食べながら茶の湯の茶碗や茶入れや掛け軸の話をして、やがて吉原に出発する。吉原では茶屋に寄って酒を飲み、通る人などを評しているうちに、艶治郎の相方である松田屋のおす川が迎えに来る。その衣装と風情が実に詳しく描写され、松田屋に着くとおす川の座敷の豪奢や膳の様子が詳細に記載される。

あまりに詳細にわたるので、紹介するのは控えるが、それまでの洒落本と比較して格段の違いがある。読んでいるとまるでその場にいるようで、また花魁や禿の声がそのまま聞こえてきそうなのだ。このような臨場感を作ることのできるきめ細かな取材力は、蔦屋重三郎の教示や案内、滞在への特別な計らいなどを感じさせる。他の作者にはない特徴だからだ。

浮世絵にも共通することだが、遊里を舞台にする作品の主人公は人間ではなく、遊里そのものなのである。見る者、読む者を、遊里という別世に誘い込み、そこで何時間でも過ごさせる。目の前の人間は、その着るものや振る舞いや表情や言葉つきの描写を通して、いやが上にも生き生きとしてくる。そこにいるのは遊女であることを超えて、ひとりの人間である。

蔦屋重三郎が山東京伝の視線を通してそれを見ているのか、山東京伝が蔦屋重三郎の視線を通して書き切ったのか。私は後者ではないか、と思っている。なぜなら他の版元から出た洒落本で、これほど、読む者がその世界に入り込んでしまう作品は、ないからである。

V　なぜ蔦屋重三郎は処罰されたのか？

すでに案内したが、一七八四年（天明四）、北尾政演画・蔦屋重三郎刊で出した『吉原傾城新美人合自筆鏡』という浮世絵集があった。豪華な大型錦絵（多色刷り）で、色鮮やかな遊女の姿と、その一人一人が自ら書いた文字で編集してある（八一ページ）。

一七八八年（天明八）、北尾政演こと山東京伝は、これを洒落本にした。蔦屋重三郎刊『傾《けい》城觿《せいけい》』である。ただし今回は中本。洒落本の定型である小本より大きいが、『吉原傾城新美人合自筆鏡』よりはるかに小さく、しかも墨摺りである。遊女の姿もない。しかしその代わり、模様付きの傘、提灯、定紋、替紋が絵で描き分けられてどの遊女のことであるかが分かるようになっており、やはり一人一人の自筆の言葉が書かれている。

さすが洒落本だけあって、雅→俗の転換になっている。まず『傾城觿』という題名だが、二〇年前に刊行され、一年おきに改訂されながら刊行され続けていたベストセラー本に『俳諧觿』という本があった。点取俳諧（俳諧師に点をつけてもらってその点を競うゲーム的な俳諧）の手引書であ

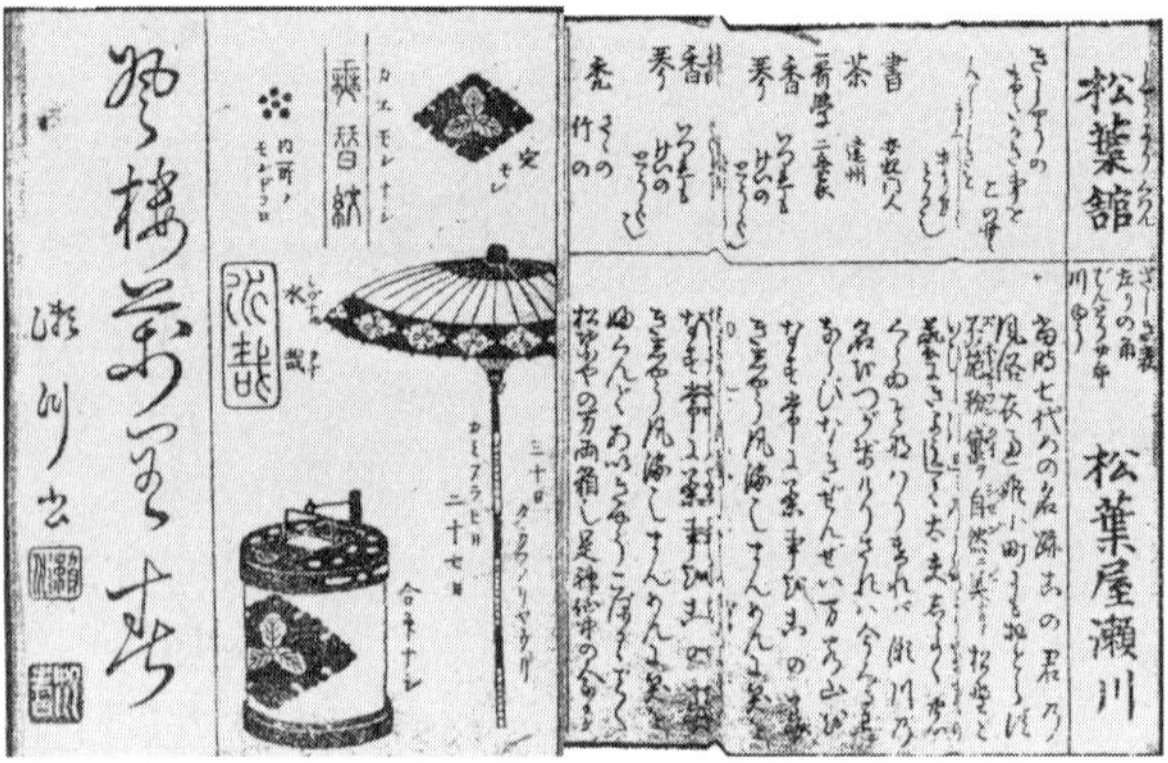

図 25『傾城觽』（著者構成）

る。「觽」とは、紐の結び目を解くとがった道具のことだ。ここでは、言葉の意味を探る道具を意味する。『俳諧觽』には、評者の点印（評価を示す印鑑）や自筆の句締め（評者の署名）が入っていた。『傾城觽』という題名をつければ、その当時の人には自ずと「ああ、あれか！」と『俳諧觽』が浮かんだ。自筆の句締めと遊女の自筆も、読者の納得がいくところだ。ベストセラー本の名声を借りて全く異なるジャンルの本を出すとは、蔦屋重三郎の面白い戦略である。

さらに扇屋を五明楼と呼び、丁子屋を鶏舌《けいぜつ》楼と呼ぶなど、吉原を中国世界に見立てている。そして遊女の紹介だが、例えば高名な松葉屋（松楼）の瀬川は「けだかき事をこのむ」人で、人柄の良いことで人気を集めている、と評する。書は安親の門人で、茶は遠州流、歌は二条家に学び、香道、琴に優れている。常に茶事を好み、満面に笑みを含んで愛嬌がこぼれるごとく。書は漢文で「風楼万里春」と書き、印が押してある（図25）。

扇屋（五明楼）の花扇は、書を東江流に学び、歌学、茶、琴、香道に秀でて、好きなものは飼い猫だという。冒頭の凡例に「此書にしるしたる遊君は予《よ》つねにともにあそびて、よく其気質をしり、このむもの、きらふもの、或は諸芸、幼名等までをくわしくしるして」とある。

どこが危険だったのか？『娼妓絹籭』と『仕懸文庫』

その後はいよいよ危険な領域だ。一七九一年（寛政三）刊の『娼妓絹籭《きぬぶるい》』『仕懸文庫』『青楼昼之世界錦之裏』。この三部作で蔦屋重三郎は身上半減、京伝は手鎖《てじょう》五〇日の刑を受ける。

その年から数えて四年前、松平定信が老中筆頭となり、田沼意次の体制は崩壊し、「寛政の改革」が始まった。奢侈《しゃし》が禁止され、倹約令が出て、新たな妓楼の建設ができなくなった。幕府（徳川家）内では朱子学以外の学問が禁じられた。

それにしても、この三作はそんなに危険だったのか？

『娼妓絹籭』は、駄洒落のようなもので「将棋」と「娼妓」が取り合わされている（図26）。これは近松門左衛門の浄瑠璃『冥土の飛脚』でお馴染みの、梅川と忠兵衛の物語を「世界」に使った。洒落本定型の会話も満載。大坂新町の箕輪の寮に梅川という女郎がいる。黒い小袖と羽織に結城縞の下着という、大坂なのに江戸の「いき」を絵に描いたような忠兵衛と、最後は

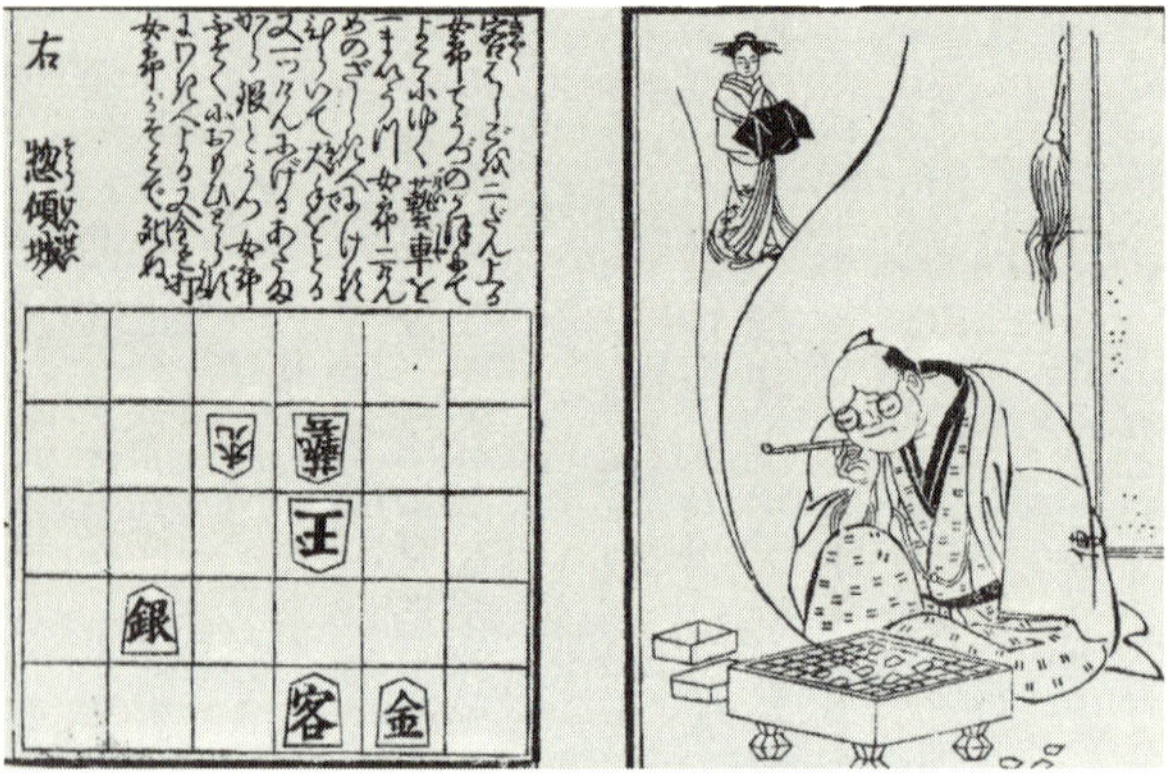

図 26『手段詰物 娼妓絹籭』

逃げる、と見えたが実は夢だった、という話である。

　ところで、外からやってきて妓楼の主人夫婦がいる内証《ないしょう》にしょっちゅう出入りしながら幇間《たいこもち》のように皆を楽しませる、客でもなく雇われ人でもなく男芸者のようでそうではなく、主人夫婦と親しくて座敷に上がり込み、「いったいこの人なに？」と思う人物が、妓楼にはいるものだった。江戸では「江戸神」と言われている。この作品には柳嫖《りゅうひょう》という名で、そういう存在も描かれる。江戸特有の「地廻り」「きをい」と言われるならず者たちも登場する。大坂が江戸になっている。そこが面白い。

　その最後に書く。「筆のゆくままかきつづり、色情に終身を謬《あやま》るともがらの、すこしは戒《いましめ》ともならんかと、蔦の唐丸がもとめにまかせ、紙くずかごよりひろひ出し、そこらここらをつづりあはせて、ついに小冊となし侍りぬ」と。「蔦の唐丸」とは、蔦屋重

図 27『仕懸文庫』

三郎が狂歌連で使う狂名だ。この作品に、幕府を脅かすものは何も含まれていない、と思える。

『仕懸文庫』（図27）はもっと安全な方法によって書かれている。時代を鎌倉時代に、舞台を大磯に設定しているのだ。しかも「ここに居《をり》ては昭君、楊妃が美も、崑山の片玉にひとしく、黄金《こがね》の塵塚《はきだめ》、鬱気の捨場、陽気盛《さかん》の場所にして」と、洒落本の定型通りの中国世界だ。中国と鎌倉時代の大磯が組み合わされ、重ね合わされているのだから、江戸時代からはほど遠い。「仕懸文庫」とは深川の仲町で、遊女の衣類を入れて運ぶための箱のことである。つまり舞台は深川である。しかしこの深川は江戸時代の深川でありながら鎌倉時代の大磯であり、そこで使われる文体は「やたらに行、むしやうに通ひ、振らるるあれば、照らさるるあり。或は討《うち》、或は被《かぶ》り、陸《くが》を行ものは稀に、舟を行者多し」と、漢文対句を駆使した平賀源内ばりの文章だ。登場人物は御所五郎丸、朝比奈三郎、曾我十郎、曾我五郎、梶原源太という『曾我物語』や『平家物語』の登場人物。そして、江戸でそれを演じるはずの団十郎である。曾我五郎＝助六＝団十郎と言えば遊女は「揚巻」と決まっているが、ここには「おてう」という遊女が登場する。おてうは一八歳ばかり。藁で島田に結び、柘植《つげ》の小さな櫛を挿し、前髪に銀の短いかんざしを挿して、鼈甲《べっこう》のかんざしを二本挿している、化粧はせずに素顔だ。素肌に透綾縮《すきやちぢみ》（ごく薄い絹織物）をサラッと着て、花いろ（暗い青色）の繻《しゅ》子《す》の帯を締めている。揚巻のような豪奢な花魁のいる吉原とは対照的だ。つまりは深川の特色を濃厚に出しているのだ。大磯なのに。

曾我五郎は若くて苦味のある色男だ。藍みじんの縮緬《ちりめん》の浴衣に無地の紺の博多帯を締めている。実に「いき」だ。曾我五郎＝助六なのに、お馴染みの黒の紋付に赤い蹴出しではない。なにしろ深川＝大磯なのだから。おしまいに、二人は金に行き詰まって手に手をとって逃げる。この作品も、表向きの舞台は鎌倉時代の大磯なのだ。幕府が取り締まるには当たらない、と思える。

超絶ドキュメント『青楼昼之世界錦之裏』

では、手鎖の対象は一七九一年（寛政三）『青楼昼之世界錦之裏』（図28）なのだろうか？

図28『青楼昼之世界錦之裏』

しかしこれも後一条天皇（一〇一六～三六）のころ、という設定だ。なんと藤原道長の時代である。そのころ摂津・神崎の廓に吉田屋喜左衛門という妓楼があった（と言っても、平安時代は店にそんな名前はつけない）。そこに、神崎一の花魁、夕霧がいた、という設定だ。「吉田屋」「夕霧」という言葉は、近松門左衛門の浄瑠璃『夕霧阿《ゆうぎりあ》波鳴渡《わのなると》』の「吉田屋の段」と、その段を歌舞伎にした『廓文章《くるわぶんしょう》』として、このころの人々にとってはお馴染みである。しかも夕霧は（平安時代ではなく）江戸時代の京都・島原遊廓にいた実在の太夫なのだ。歴史、実在の遊女、浄瑠璃、歌舞伎をないまぜにした舞台は、吉田屋に設定された。そして時間帯は、遊女たちが活躍する「夜」ではなく「昼」に定められた。時刻は明け六つ（陽が昇り切った時刻）から、七つ時（午後四時ごろ）まで、と決めた。

まなざしは廊下に注がれる。前の晩に酒を飲み交わした杯、茶碗、折れた箸、門口に盛った塩、便所の嘔吐物まで描写し、そこに夜が明け、明け六つとなる。禿や新造たちは髪が乱れたまま起きてくるが、さすが夕霧は朝から美しい。朝帰りの客を送っていく。寝ずの番をした男たちや、「やりて」も現れる。夕霧は自分の部屋の戸棚の中に、誰かを隠している様子。

時間は五つ（午前八時ごろ）になる、新造たちが盛んに会話する。茶屋の主人や女将さんが、遊女たちに手紙を書けと催促する。そこに髪結の吉平がやってくる。遊女たちの髪結が始まる。料理番の文介と源七も出てくる。魚屋がやってきたからだ。その日の料理用の魚介類を選ぶ。

四つ時（午前一〇時ごろ）になる。番頭新造の川竹が掃除を始める。夕霧は客から来た手紙を読んでいる。箒と巻紙。作者はすかさず「寒山拾得！」と見立てる。さて入浴の時間だ。番頭新造の川竹が湯に入り、夕霧が残る。やがて、頭にかんざしを二、三本挿した小間物屋がやってくる。鼈甲で作った蔦のかんざしを自分の頭から抜いて夕霧に見せる。遊女たちはこうがいや櫛を修理に出したり、小間物屋に指輪の催促をしたり、にぎやかだ。禿に両替を言いつける、朝食の用意をする。朝食には座禅豆の煮付け、唐辛子、芋、油揚げなどなど。庶民の食卓と変わらない。そこに呉服屋がやってくる。禿の着物を、成長とともに長くしてやってくれだの、八掛《はっかけ》を見立ててくれだの、紫鹿子《むらさきかのこ》絞りの半衿《はんえり》を持ってきてくれだの、細かい注文が面白い。

番頭新造の川竹は禿の「雪の」に、楓屋という小間物屋に行って、お歯黒、びん付け油の板、えりつけ白粉、枸杞《くこ》の髪油、胡麻油に蠟を入れた髪すき用の油、黒い元結、ちり紙、たばこを、通い帳づけで買ってくるように言いつける。遊女たちが化粧や髪に何を使っていたか、とても具体的にわかるシーンだ。振袖新造の「よふね」が、夕霧と川竹の鏡台を並べ、結髪用具をまとめた畳紙《たとうがみ》や、小型のたらい半挿《はんぞう》を取り揃える。雪のは戻ってくると、お歯黒を火鉢に乗せておく。夕霧と川竹は膝の上に半挿を乗せて筆ようじでお歯黒をつける。お歯黒をつけるシーンを洒落本で描くとは、前代未聞だろう。

そこに遊女屋の雑用をする牛吉がいろいろ愚痴をこぼす。花魁の「板琴」が淋病の薬を作りたいと言い出す。淋病の薬の原料が並べられる。最後に「女陰毛三本の黒焼き」が出てくると、一同大笑いになる。表には鏡研ぎ、桜草売り、針金売りの呼び声が聞こえる。虚無僧も来る。中居が、行方不明の皿を探しに来る。具合の悪そうな座敷持ちの遊女が、禿に薬屋に行くように頼む。注文は錫《すず》製の香箱と血止めの銀箔だ。「ばん」の準備だ、という推測が挟まれる。「ばん」は心中立ての一つである指つめのことだ。

そこに洗い張り屋、貸本屋、茶碗鉢屋、文使い、炭屋がやって来る。湯番が「風呂をしまいます」と呼びかけ、女髪結のお吉がやってきて、夕霧は『唐詩選』を読みながら髪を結わせる。そこへ、扇に夕霧のサインを求める茶屋の女が来る。茶屋に来ている客が、遊女のサインを求めているのだ。遊女はつまりスターである。

九つ時（正午ごろ）になると、茶屋の男が夕霧を迎えに来る。昼間に来る客があるのだ。夕霧は戸棚に隠している男のことを気にしながら仕方なく着替える。その着物の描写は極めて詳しい。出る前には亭主・喜左衛門のところに寄る。帳面に勤務事項を控えるためである。背後には、料理番たちが調理する音が聞こえる。喜左衛門のところに江戸神（太鼓持《たいこもち》）がやってくる。天台宗の托鉢僧がやってくる。病気の遊女の親がやってくる。四つ竹（唄をうたうものもらい）が来る。浪人が来る。やりてが、禿が足りないので貸してくれと言ってくる。おいらんが客の前に出る時、二人の禿は必須なのだとわかる。そこに夕霧が急いで帰って来て、戸棚に隠した伊左衛門をようやく出してやる。

時刻は八つ時（午後二時ごろ）になった。昼店のすががき（唄のつかない三味線演奏）が聞こえる。新造の「江戸まち」（江戸）、「なには」（大坂）、「みやこ」（京都）が歌がるたを始める。この三人の名前が三都を表していて面白い。しかもここから、歌がるたの和歌の言葉と夕霧・伊左衛門の二人のやりとりが交差していく。そのうち伊左衛門はやりてと店の若い者に見つかって殴られるが、そこに、伊左衛門の父の店の番頭、算右衛門が登場。伊左衛門に勘当を許すという父親の手紙と、夕霧の身請けのための手付金を渡すのだった。ここで七つ時（午後四時ごろ）。ここより錦の裏は錦の表となって終わる。

蔦屋耕書堂の店舗半減、山東京伝の手鎖五〇日を招いた『娼妓絹籭《きぬぶるい》』『仕懸文庫』『青楼昼之世界錦之裏』の三部作は、以上の内容だ。それほど危険な作品だろうか？　大坂新町の『冥土の飛脚』の世界、鎌倉時代・大磯に場を借りた『曾我物語』の世界、平安時代・神崎に場を借りた『廓文章』の世界。これらは、歌舞伎がおこなってきた、別の時代と場所に設定することによって、幕府の目を逸らす方法を採用している。その意味では、幕府批判にもならず、時代批判にもならない。内容からは、理由が見つからないのだ。

手鎖の理由は？

ではこの手鎖の理由はどこにあるのだろうか？　処分の基準になったと思われる町触が一七九〇年（寛政二）五月に出ている。

「書物草紙之類、新規ニ仕立候儀無用、但不叶事《ただしかなわざる》ニ候ハヽ、相伺《あいうかがい》候上可申付《もうしつけるべく》候」（書物や草紙類は新しく作って出版してはならない。おこなう場合は、上に伺いを立てろ）

「只今迄有来候板行物之内、好色本之類は、風俗之為にもよろしからさるニ付、段々相改《あいあらため》、絶版可致《いたすべし》」（すでに出版したもののうち、好色本は風俗のために良くないので、絶版にすべし）

「草紙絵本等、古代之事ニよそへ、不束成《ふつつかなる》儀作出候類《たぐい》相見候、以来無用ニ可致候」（草紙や絵本などで、古代の事にたとえてけしからん内容を作りだす事例があるが、今後はおこなってはならない）

「以来書物屋共相互ニ吟味いたし、触ニ有之品隠候て売買いたし候もの有之は、早速奉行所え可申出候、若見遁《もしみのが》し、聞遁《ききのが》しニ致置候ハヽ、当人は勿論、仲間之もの迄《まで》も咎《とが》可申付候」（版元は相互に内容を吟味し、お触れに抵触するような本を隠して売買するような者があれば、すぐに奉行所に申し出るように。もし見逃したり聞き逃したりすることがあれば、当人はもちろん、仲間の者たちにも罰を申しつける）（『日本史史料[3]近世』二〇一六年、岩波書店）

現代社会ではあり得ない出版言論統制だ。版元には書物問屋と地本問屋（絵草紙屋）の二種類があり、それぞれ仲間が異なっていた。一七二一年（享保六）、版元に対し、みだりに無用の書籍や新作物を印刷しないこと、という触があった。さらに書物の検閲をすることを、町年寄に命令した。

町年寄は今でいう都知事のような立場だが、三人体制だった。役割としては、町触を町名主に伝達し、新地の地割りや受渡しをおこない、人別の集計などをする。また商人仲間の名簿保管や異動確認など、商人や職人の統制業務をする。町奉行からの諮問に答申し、町人からの願書があればそれを調査し、町人間の紛争を調停する、などである。この中で、版元に関することは、商人仲間の統制業務にあたる。

この時から、仲間行事が作られ、「仲間吟味」制度が発足したのである。仲間吟味とは、版元同士で「行事」を決め、まず版元から草稿を添えて行事に開版願いを出す。行事は法度に触れていないか、重板・類板ではないか調べ、問題がなければすぐに書類を作って捺印する。書類には、書名、ボリューム（巻数）、作者名、開版人を記し、「右の書、行事立ち合い、相改めそうろう所、いずかたへも差し構え無き書にござそうろう間、板行ご免なされること御おおせつけられ下されそうろうよう、よろしくおおせあげられ下さるべくそうろう。以上」と書き、年月日、三組行事印、開版人印、宛先を書く。宛先はその月の当番（月番）の名主の名前を書く。

受け取った名主は、担当の町年寄に仰ぐ。担当の町年寄は館市右衛門である。この時代はまだ「奈良屋」と称していた。すでにこのような仲間吟味制度は存在していたので、蔦屋重三郎は当然それに従って草稿を仲間行事に提出し、許可を得て出版したのである。

しかし、出版したとたんに、山東京伝は手鎖五〇日、蔦屋重三郎は財産半分没収という処分を受けた。

触書きから察するに、「好色本之類は、……絶版可致」（好色本は絶版にすべし）「古代之事ニよそへ、不束成儀作出候類相見候、以来無用ニ可致候」（古代の事にたとえてけしからん内容を作りだす事例があるが、今後はおこなってはならない）の二つに抵触したのであろう。もはや、古代や中世やその他の物語を使ったとしても、言い訳にはならない時代がやってきたのである。無論、それを見逃して出版を許可した二人の仲間行事も処分を受けた。

社会のこの変化はすでにその兆候が見えていた。蔦屋重三郎と山東京伝の受難の四年前、一

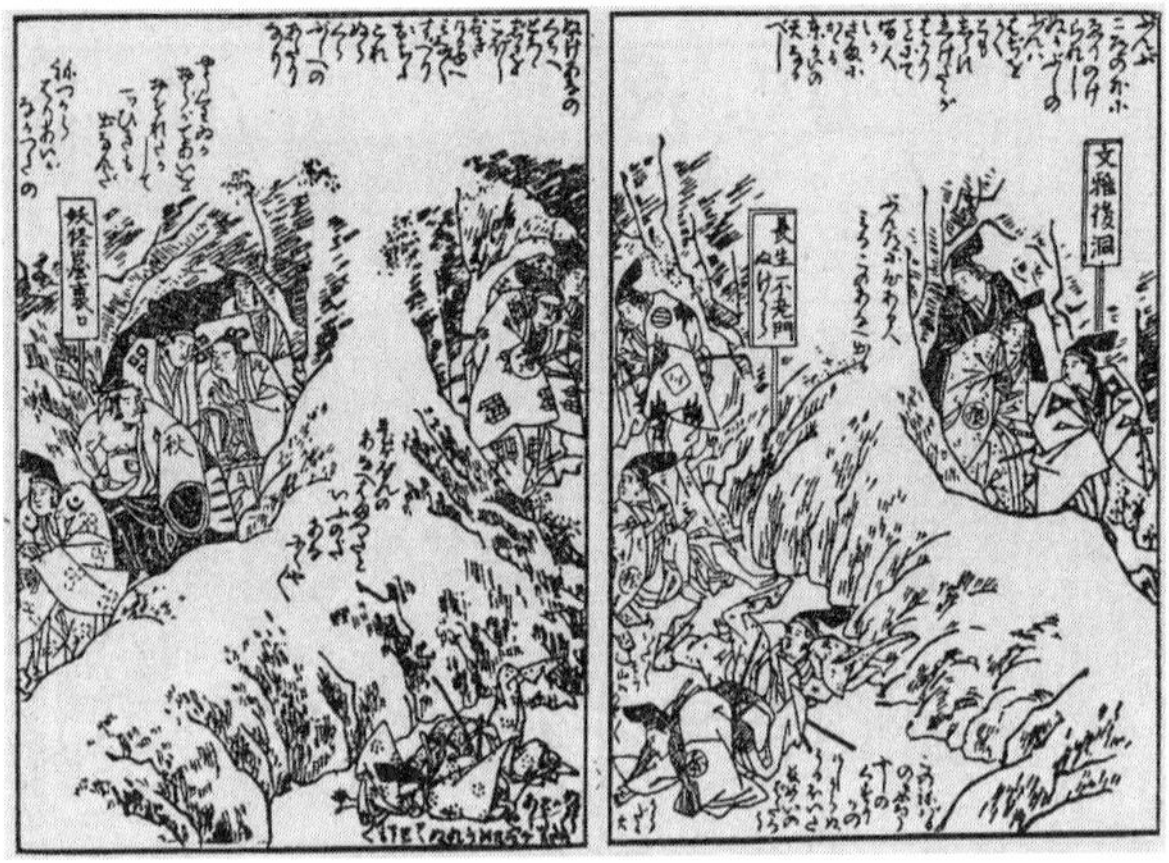

図29『文武二道万石通』

七八七年（天明七）、松平定信が老中筆頭となった。その翌年の一七八八年（天明八）、朋誠堂喜三二が黄表紙『文武《ぶんぶ》二道万石通《にどうまんごくどおし》』（蔦屋重三郎刊）で秋田藩より止筆を命じられる。

『文武二道万石通』（図29）は源頼朝を中心にしているが、将軍・徳川家斉のことを指していることは、読む人には分かっただろう。源頼朝は武士たちを「文」と「武」に分けて管理するよう、畠山重忠に命じる。この重忠も、松平定信のことだと、読めば分かる。重忠は武士たちに、富士山の洞穴に入って不老不死の薬を探せと命じる。命じられた武士たちは、文の道に明るい者たちが「文雅洞」を通り、武が得意の者たちは「妖怪窟」を通り、それぞれ無事に出てくるが、どちらにも行かれずに「長生不老門」に入った「ぬらくら武士」のみが、裏口にしかけられた「とろろ」に足がすべって転がり落ちる。その転がり落ちた武士たちの衣装から、誰を示しているのかがおよそ分かるのだ。七曜星の紋＝田沼意次、赤＝元勘定奉行・赤井豊前守、松＝元勘定奉行・松本伊豆守、土＝元勘定組頭・土山宗次郎。松平定信によって排除された武士たちである。現政権である松平定信を批判してはいない。しかしあまりに生々しい。

他のページでは、武士たちが遊びに夢中だ。その遊びは実に多様。茶の湯、生け花、香合わせ、蹴鞠、豊後節、碁、将棋、めくり札、俳諧、乱舞、釣り、楊弓《ようきゅう》、義太夫、河東節、相撲、拳、役者の身振り声色等々。このご時世に遊び呆けているように見える。これもリアルだったろう。

さらにその翌年の一七八九年（寛政元）、恋川春町は黄表紙『鸚鵡返文武二道《おうむがえしぶんぶのふたみち》』（蔦屋重三郎刊）で定信に召喚された。『鸚鵡返文武二道』にはこんなシーンがある。物之本屋「須原屋」で本を選ぶ武士が言う。「菅公（菅原道真）の御作の九官鳥を調《ととの》へたい」「いかのぼりのお譬《たと》へは、面白ふござります」。「九官鳥」とはこの作品の中に出てくる『九官鳥のことば』という書物のことで、これは菅原道真の著書とされているが、松平定信の書いた『鸚鵡言《おうむのことば》』のパロディなのだ。「いかのぼりのお譬へ」とは、『鸚鵡言』の中にある「政には時と勢と位とをはかるを要とす」という文章を指す。政治には「時」と「勢い」と「位」が必要で、この三つを、「凧を上ぐるを以て譬へん」となる。「江戸にては春を得しは時なり。風を得しは勢なり。其風の吹くを待ち付けて上がるは其勢をうるとやせん」と、「高き処に登り、四方の梢を下に見て、

図30『鸚鵡返文武二道』

風を得て放てば九天へも達すべし」というくだりがあるのだ。そこで、凧上げのシーンとなる。「天下国家を治むるは、いかのぼりをあぐるやふなものといふ譬へを、いかのぼりをあぐれば天下国家は治まると心得違いをして、よい歳をしてわれもわれもと凧を上るに」と、菅原道真の時代の官僚たちがこぞって凧を上げる（図30）。

菅原道真とは松平定信。『鸚鵡返文武二道』は『鸚鵡言』をからかう作品であること明白だ。だが、内容を詳細に読むと、どこにも批判はない。「天下国家を治むるは、いかのぼりをあぐるやふなものといふ譬へを、いかのぼりをあぐれば天下国家は治まると心得違いをして」いるのは登場人物であって作者ではない。作者はその心得違いをむしろ批判している。さらに、「学問の道日々さかんになり、孝弟忠信の道さかんにおこなはれ」という記述は、寛政異学の禁を批判どころか、称賛しているように見える。

しかし作品全体からただよってくるなんとも言えないおかしさは、誰もが感じただろう。とくに武士のあいだで評判になったに違いない。とても面白い黄表紙で、『文武二道万石通』『鸚鵡返文武二道』ともに、非常に売れたという。

前にも述べたように、駿河小島藩士・倉橋格は、自らのアバター（分身）である恋川春町の書いたこの作品について、松平定信の呼び出しを受けた。しかし倉橋格は応じなかった。倉橋格、満四五歳、死去。自害だと言われている。

今まで見てきたように、狂歌師をはじめとして江戸時代の創造者たちは複数の才能にそれぞれ別の名前をつけ、自らのアバターとして様々な領域で活躍していた。いくつもの「わたし」を持っているのである。しかし身体はひとつなのだ。最後はその唯一の身体で責任を取らねばならない。それはどんな時代であろうと同じだ。

罪にこそ問われなかったが、朋誠堂喜三二こと秋田藩留守居役・平沢常富は筆を折り、黄表紙を創始した恋川春町こと駿河小島藩士・倉橋格は、命を落としたのである。

この二作とも版元は、蔦屋重三郎だった。

もう一冊、一七八九年（寛政元）に山東京伝が画工・北尾政演として罰せられた作品がある。

図31『黒白水鏡』

黄表紙『黒白水鏡』（石部琴好作）だ（図31）。これは一七八四年（天明四）に起こった佐野善左衛門による田沼意知暗殺事件を扱ったものだ。これも松平定信を批判しているわけではなく、むしろ意知の父・田沼意次の凋落を描いている。版元は不明。処分理由は江戸城内での刃傷沙汰を題材としたことだった。それを言うなら『仮名手本忠臣蔵』は存在できなかったはずだが、それは随分前のこと。取り締まりは厳しくなったのだ。幕府御用達商人だった作者の石部琴好は江戸追放となり、北尾政演（山東京伝）は罰金刑を科せられた。京伝はこの二年後に、手鎖の刑を受けたことになる。

ちなみに、当時の刑罰全体の中で、手鎖五〇日や江戸払いや財産没収とは、どの程度の刑にあたるのだろうか。まず、江戸時代には「懲役」という概念がない。江戸の小伝馬町にあった唯一の牢屋は、判決前の逮捕者を収容する留置所に過ぎない。そこから「死刑」の判決が出た場合は、重い順から鋸挽《のこぎりびき》、磔《はりつけ》、獄門（斬首の後、その首を晒《さら》す）、火罪（火刑）、死罪（斬首の後試し切りに使われ土地などが没収される）、下手人（試し切りや財産没収を伴わない死刑）、斬罪（打首のみ）、切腹（武士階級）。死刑ではなく「身体刑」の判決が出た場合は、敲《たた》き、入れ墨、遠島（江戸の場合は伊豆七島、および田畑家屋敷家財を没収）。「追放」の判決が出た場合は、重追放（一五ヶ国＋街道）、中追放、軽追放、江戸十里四方追放、江戸払い、所払《ところばらい》。その他の判決が出た場合は、押込、戸〆《とじめ》、預（これらは武家）。手鎖は庶民のみに科せられる刑で三〇日、五〇日、一〇〇日がある。閉門、逼塞などもある。「遠慮・財産刑」が最も軽い罰で、闕所《けっしょ》（没収）、家屋敷取上、過料（罰金）の順である。石部琴好は比較的重い罰であるが、追放の中では最も軽い江戸払いだ。山東京伝は、最初は最も軽い罰金刑だが、次の手鎖五〇日は、町人に与える罰として決して軽くなかった。

すでにさまざまな危険な兆しがあったのだから、蔦屋重三郎としてはかなり警戒しても良いはずである。しかし、もしかしたら確信犯か、と思われることがあった。一七九一年（寛政三）の正月に刊行すべく、その前年、三冊の洒落本を編集しながら、同時に蔦屋重三郎は黄表紙『箱入娘面屋人魚《めんやにんぎょ》』を山東京伝に依頼していた。その冒頭に「まじめなる口上」という重三郎自らの口上を、自分の姿の挿絵入りで掲げたのである（図32）。

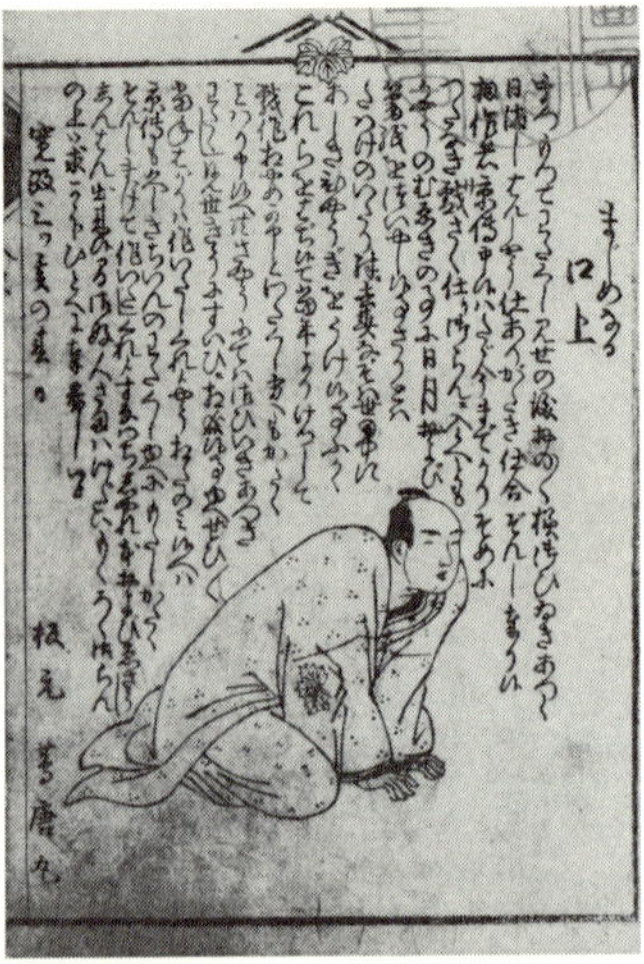

図32 口上する蔦屋重三郎

そこでは、山東京伝が昨年の春に「悪しき評議」（『黒白水鏡』を指す）を受けたことで、戯作の執筆をやめる、と言っていることを明らかにした。版元の自分にも、京伝は書くことをかたく断ってきた。しかしそれでは耕書堂は急激に衰微してしまう。そこで今度だけは作品を作ってくれと頼み、山東京伝も断り難く、決意を曲げてなんとか書いてくれたのだ、と。これは山東京伝を守りつつ、自分の責任で『箱入娘面屋人魚』を刊行することへの言い訳で、洒落本のことには触れていない。もちろん幕府からすれば、何の言い訳にもなっていない。そればかりか、むしろ開き直りや挑発と取られたかも知れない。

こうして、山東京伝の黄表紙と、山東京伝の洒落本最後の三作品を出した。そして蔦屋重三郎は罰せられ、これ以後、山東京伝は洒落本の筆を折る。黄表紙は、恋川春町が開拓した洒落本の黄表紙化のような遊里を舞台にするものではなくなり、赤本・黒本時代のような物語的なものとなる。そして山東京伝は読本、合巻《ごうかん》を書くようになる。洒落本と赤本・黒本が編集されて黄表紙になったように、黄表紙と歌舞伎が編集されて「合巻」になった。中国の明清小説が日本の古典と合体編集されて短編集型の読本になったのだが、その短編集型が、長編連載型の読本に変わっていく。歌舞伎が幕府の取り締まりによって女歌舞伎、若衆歌舞伎、野郎歌舞伎と変遷し、その内容も変わっていったように、本の世界もさまざまな取り締まりによって、ジャンルが変遷していったのである。

次の章では「天明狂歌」の活気について述べるのだが、その中心人物である幕臣の大田南畝もまた、一時期、狂歌から離れることを余儀なくされた。寛政の改革が始まった翌年、一七九一年（寛政三）ごろのことだった。詳細な経緯はわかっていないが、その後一七九四年（寛政六）には幕府の人材登用のための学問吟味を受け、優秀な成績を評価された。その結果、支配勘定に出世している。そして大坂の銅座に赴任するのだが、そこからが面白い。銅山を意味する「蜀山」にちなんで今度は「蜀山人」というアバターを作り、さらなる活躍をするのである。後世、大田南畝や四方赤良という狂名より、蜀山人の方が知られるに至るのだから、やはり、あきらめなかったのだ。

いくつもの才能を使い分ける江戸時代の作家たちは、ひとつのジャンルで行き詰まっても他のジャンルを開拓して生き延びた。版元も同様だった。そこには、硬いジャンルの考え方ではなく、「編集による新たなジャンルの生成」が見られる。

VI　狂歌師たちを編集する

天明狂歌の編集

「天明狂歌」という言葉がある。それはいったい何か？

一言で言えば天明狂歌とは、平安歌人の世界に成立した『古今和歌集』や『千載集』や『新古今和歌集』や「百人一首」の、パロディである。天明期に集中して刊行されたので、「天明狂歌」と言われる。

一七八三年（天明三）に『狂歌若葉集』（近江屋本十郎・前川六左衛門刊）と『万載狂歌集』（須原屋伊八刊）、一七八五年（天明五）に『徳和歌後万載集』（須原屋伊八刊）が刊行された。天明狂歌流行の火蓋が切られたのだ。

その同じ一七八五年のことである。『故混馬鹿集』（狂歌集、朱楽菅江編）、『狂歌百鬼夜狂』（狂歌集、平秩東作編）、『夷歌《えびすうた》連中双六』（狂歌集、四方赤良編）が立て続けに刊行された。これらは全て蔦屋重三郎が刊行した。

一七八六年（天明六）には、狂歌絵本『吾妻曲《あずまぶり》狂歌文庫』（宿屋飯盛《やどやのめしもり》編、北尾政演画）を蔦屋重三郎が刊行している。一七八七年（天明七）には、『狂歌才蔵集』（狂歌集、四方赤良編）、『古今狂歌袋』（狂歌集、宿屋飯盛編、北尾政演画）が蔦屋から出ている。

「狂歌」は五七五七七の「歌」なので、一人でも作れる。現在では新聞紙上でも短歌は個々人のものとして選ばれ、短歌集が出るとしたら個人の集である。しかし当時は単独で詠むのではなく複数が集まって詠んだものが、「集」として刊行された。

平安時代は和歌の集を編むために、「歌合」を開催した。そこに複数の人々が集まって左右に分かれ、判定者を置いて一首ずつ出した和歌の優劣を判定してもらう。それらを集めて和歌の集を作るので、個人の歌集ではなく複数の人々の歌から選ばれた多様な歌人による和歌の集となった。

狂歌集は同じ方法で作られ、その集を作るために集まる。集まる人々は適切な人数の「連」と呼ぶグループになるので、各地に「連」ができた。山の手連、朱楽《あけら》連、四谷連、落栗連、芝連、本町連、伯楽連、スキヤ連、吉原連、堺町連、みます連などが、天明狂歌の時に存在した連である。

狂歌連中の狂名

狂歌連は、身分や階層を超えた集まりだった。そして狂歌連に参加する彼らは「狂名」を名乗った。そのすべてが洒落でありパロディである。列挙してみよう。

四方赤良《よものあから》、平秩東作《へずつとうさく》、尻焼猿人《しりやけのさるんど》、酒上不埒《さけのうえのふらち》、手柄岡持《てがらのおかもち》、つぶり光《のひかる》、朱楽菅江《あけらかんこう》、鹿都部真顔《しかつべのまがお》、腹《はら》唐秋人《からのあきうど》、宿屋飯盛《やどやのめしもり》、唐来参和《とうらいさんな》、浜辺黒人《はまべのくろひと》、加陪仲塗《かべのなかぬり》、門限面倒《もんげんめんどう》、土師掻安《はじのかきやす》、高利刈主《こうりのかりぬし》、今田部《いまだへ》屋住《やずみ》、吹殻咽人《ふきがらのむせんど》、多田人成《ただのひとなり》、大屋裏住《おおやのうらずみ》、元木網《もとのもくあみ》、知恵内子《ちえのないし》、紀定丸《きのさだまる》、竹杖為軽《たけつえのすがる》、加保茶元成《かぼちゃのもとなり》、花道《はなみちの》つらね、唐衣橘洲《からころもきつしゅう》、油杜氏《あぶらのとうじ》ねり方、寝小弁垂高《ねしょうべんたれたか》、辺越方人《へこしのかたうど》、阿久垂粕《あくのたれかす》、生儘成《なまのままなり》、吉野葛《よしのくず》子《こ》、古屋雨漏《ふるやのあまもり》、和歌《わか》も少々《しょうしょう》読安《よみやす》、朝起《あさおきの》つらき、人世話成《ひとのせわなり》、大根太木《おおねのふとき》、医者小路匙影《いしゃのこうじさじかげ》、算木有政《さんぎのありまさ》、馬場金埒《ばばきんらち》、柿下手丸《かきのへたまろ》、山道高彦《やまみちのたかひこ》、飛塵馬蹄《とぶちりのばてい》、子《こ》子孫彦《このまごひこ》、垢《あか》しみ衣《え》紋《もん》、ひまのないし等々。

連には武士も町人も職人も版元も役者も参加していた。例えば『狂歌百鬼夜狂』は、一首ずつ幽霊や化物を登場させる百物語の狂歌の会をまとめたもので、そこには四方赤良、平秩東作、紀定丸、宿屋飯盛、唐来参和、算木有政、今田部屋住、つぶり光、馬場金埒、大屋裏住、鹿都部真顔、土師掻安、問屋酒船《とんやのさけふね》、高利刈主、そして山東京伝が参加していた。参加者のほとんど

図 33–1 酒上不埒こと恋川春町

図 33–2 尻焼猿人こと酒井抱一

は二〇代から三〇代である。会場は江戸深川椀倉。時は一七八五年（天明五）の一〇月一四日である。百物語の作法に従い、狂歌一首ごとに灯心一本を消してゆく。蔦屋重三郎はこれを本にして出した。

　次の年の『吾妻曲狂歌文庫』（北尾政演＝山東京伝画）には、尻焼猿人、四方赤良、朱楽菅江、手柄岡持、門限面倒、酒上不埒（図33–1）、花道つらね、唐来参和、唐衣橘洲などの狂歌が収録されている。その中に玉子香久女、図南女、遊女はた巻、遊女歌姫の四人の女性が入っており、総勢五〇人を、百人一首仕立ての肖像（カラー）入りで本に仕立てた。最初に登場する尻焼猿人は画家の酒井抱一で、姫路藩主の弟・酒井忠因《ただなお》のことであるから、絵の中に御簾を垂らしている。とは言ってもこれは単なるポーズで、顔ははっきり見える。

　蔦屋重三郎はその翌年の『古今狂歌袋』（北尾

政演＝山東京伝画）では、さらに多い一〇〇人のカラー肖像画を入れて刊行した。尻焼猿人（図33－2）は、今度は透き通った絹布の団扇で顔を隠しているが、これも丸見えである。全てご愛嬌。皆が思い思いの格好をして、平安時代の歌人になりきっている。

後に述べる歌麿の狂歌絵本『絵本江戸爵《すずめ》』を編集した時、これらの狂歌師のうち、手柄岡持、紀定丸、宿屋飯盛などが狂歌を寄せた。

歌麿の狂歌絵本『絵本詞《ことば》の花』を編集した時は、尻焼猿人、門限面倒、宿屋飯盛などが狂歌を寄せた。

そして歌麿の狂歌絵本の頂点『画《え》本虫撰《ほんむしえらみ》』を編集した時は、尻焼猿人、四方赤良、唐衣橘洲、朱楽菅江、鹿都部真顔、紀定丸、唐来参和、宿屋飯盛ほか、総計三〇名が狂歌を寄せた。

蔦屋重三郎こそが天明狂歌に気づいた

狂歌師たちは、本を作るために狂歌を詠んでいるわけではなかった。「文台引き下ろせばすなわち反古なり」（詠み終わればあとは不用品）と俳諧師たちが考えていたのと同じように、集まって詠むことに意味があり、記録して本にしたとしても、印刷して出版することまでは考えないか、あるいは同人誌のように、自分たちでお金を出し合って人数分だけ刷れば良い、ぐらいに思っていただろう。

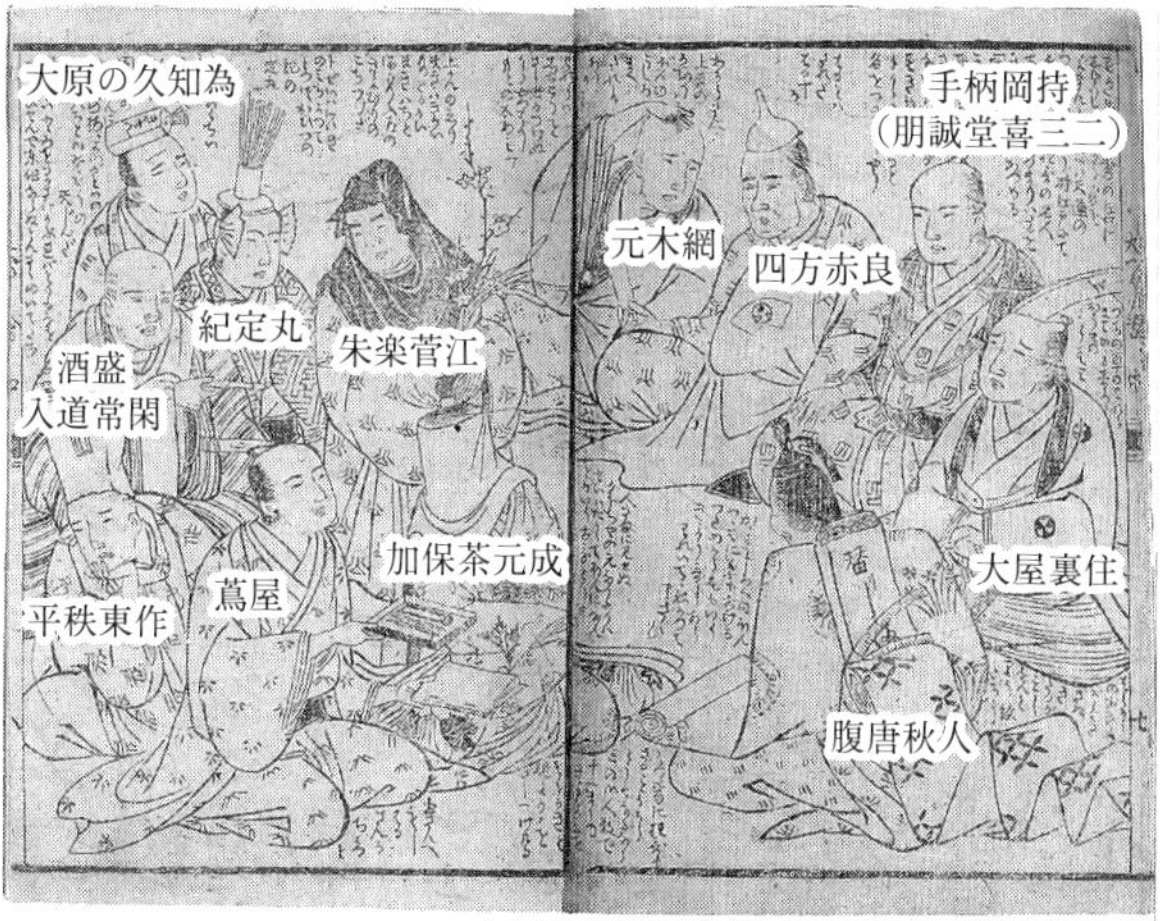

図 34『吉原大通会』に登場する蔦屋重三郎ら（説明は著者）

他の版元による刊行がきっかけになったとは言え、蔦屋重三郎こそが、天明狂歌という文学運動を粘り強く編集・出版して歴史に残した。重三郎がいなければ、一体誰がこの動きの面白さに胸をときめかし、誰が価値を直観し、誰が刊行し続けただろうか？　ほとんどの版元は、最初に売れている時は殺到しても、やがて「ばかばかしい」と冷笑して、おしまいだったのではないだろうか。しかし重三郎は違った。

赤本や黄表紙や洒落本ではない。従来の浮世絵でもない。いつまで売れるか分からない。それでも蔦屋重三郎は狂歌集を、一七八五年（天明五）以降は、ほぼ一手に引き受けた。

一七八四年（天明四）に岩戸屋源八が出した『吉原大通会《よしわらだいつうえ》』という恋川春町の三冊本が

ある。その中に蔦屋重三郎が登場する。手柄岡持（朋誠堂喜三二）が一〇人の狂歌の名人を天狗の力で呼び集めるという話で、四方赤良、朱楽菅江、加保茶元成、元木網《もとのもくあみ》、酒盛入道常閑、紀定丸、大原の久知為《くちい》、平秩東作、大屋裏住、腹唐秋人の一〇人が集まる。それぞれ、とてもへんな格好をしている（図34）。

四方赤良すなわち大田南畝が、酒屋で使う漏斗《じょうご》を頭にかぶって前掛けをしている。「四方」とは一六二四年（寛永元）から現代まで続く江戸の酒屋の名前だ。四方赤良とは、酒を飲んで赤くなっている様子を意味する。そこで酒屋の漏斗と前掛け、というわけだ。

元木網は四方赤良のその格好を見て、「赤良さん、漏斗の冠とほんの後前垂姿はご趣向だね。私何ぞは、趣向を作者が何も考えないから、やっぱり元木網で普段通りさ」と言う。確かに元木網さんは全く普通だ。

南畝と並ぶ狂歌界のリーダー朱楽菅江は、黒い頭巾に梅と水仙をさし、天神様の姿で、平清盛風の酒盛入道常閑に「その襟巻は素敵だが、掻巻《かいまき》は、酒盛入道の清むりとは、ちとこじつけに無理があるね」とケチを付ける。清盛気取りの常閑は「菅江の袖頭巾に投げ入れの梅はよいが、止めの水仙は、ちと、お粗末の天神だ」と返報する。

南畝の甥の紀定丸は、占いで使う筮竹《ぜいちく》を頭に被っている。「占いは儒教を学ぶ一法だが、とかく気が定まらず、思案にくれてる紀定丸サ」と。

平賀源内と親しく、蝦夷地探検の書籍もある煙草商の平秩東作は、せんべいの袋をかぶって、「煎餅《せんべい》袋を逆さに被れば、とりもなおさず、べいせん屋東作ならぬ頓作（座輿）の出立さ」と。自分の平原屋の屋号を煎餅袋を逆さに披って、べいせん屋と洒落ている。

吉原の妓楼大文字屋の主人である加保茶元成は、顔をすっぽり覆っている。「人さまに、見せない加保茶元成ふりは、背は高くて、ほんに、なんとかいう古歌取りさ」と言う。これは先代の大文字屋、村田市兵衛を歌った「背は低うて鼻落ちる」のパロディである。

そこへ、「吉原の日本堤にも葉の繁っている」蔦唐丸（蔦屋重三郎）という狂歌師が現れ出て、「ソレ、初雪に狂歌もさることながら、どうぞ、出来ることなら、この御人数で、十一幕の狂言を、即興でお書きください」と硯と紙をさしつける。皆で即興芝居を書けというのである。しかも十一幕も、である。ここに、蔦屋重三郎が作者たちにいつも無茶な依頼をしている片鱗が見える。唐丸が「直さん（直次郎＝南畝）へ、もし、春さんが、ちょっと」と言うと「春とは誰だ。恋川春町のことか」と赤良。

現実世界では、彼らは武士であり、あるいは商人だ。こんな格好をしていないだろう。しかし想像上の別世《べつよ》では、かれらは互いにこういう風に見えている。まさにメタバースに出入りするアバター（分身）どうしのまじわりだ。

『吉原大通会』は、もうひとつの宴会を描いている。こちらは、別世の名前を朝四とも晩得とも言う、秋田藩江戸留守居役、佐藤祐英の宴席で、その朝四が作詞した荻江節『九月がや』の披露を、吉原で流行した音曲、荻江流の家元である荻江露友を招いておこなっている。実際におこなわれたそうで、場所は吉原まつかねやの遊女、九重の座敷だったという。狂歌連の平沢常富（朋誠堂喜三二）も、秋田藩留守居役である。朝四は同僚であり友人であったのだろう。

これらは、天通の通力を使って実現されたバーチャルな光景として描いている。吉原における音曲つきの宴席や連の会合は、実際に開催されている。しかしこれほど徹底した通人の世界になると、通力がないことには実現できなかった、ということだろう。しかしその別世で発揮された才能こそが、江戸文化を作り上げていったのだ。

吉原が『吉原大通会』の舞台であったことや、荻江節がその背後に流れていることには、意味がある。吉原と三芝居、いわゆる悪所は、社会システムの外に置かれた「別世」を象徴する場所だったのだ。幕府はこれらを公認することで囲い込み、郊外に置くことで排除し、「認可」と「排除」という背反する方法で制御していた。一方吉原と三芝居はその制御を十分に知りながら、面従腹背して幕府の意図とは異なる文化を常に創り出していたのである。

『吉原大通会』が刊行された時は、重三郎は狂歌師たちの存在の面白さを熟知し、なんとか形にしようとしていた。彼らと知り合ったのはまだ吉原大門前に店を構えていた時で、一七八一年（天明元）に、重三郎は大田南畝を家に訪ねている。その理由は、南畝が自著の絵草紙評判記『菊寿草』で、重三郎の刊行した朋誠堂喜三二の黄表紙『見徳一炊夢《みるがとくいっすいのゆめ》』を「極上上吉」と、最も高い評価をしたからであった。加えて、朋誠堂喜三二の他の黄表紙『息子妙薬　万金談』その他二作、合計三作を「上上吉」と評価し、他の二作にも「上上」をつけた。重三郎にとって、編集刊行に自信を持った大事な年だった。ちなみに大田南畝は重三郎よりわずか一歳上だ。

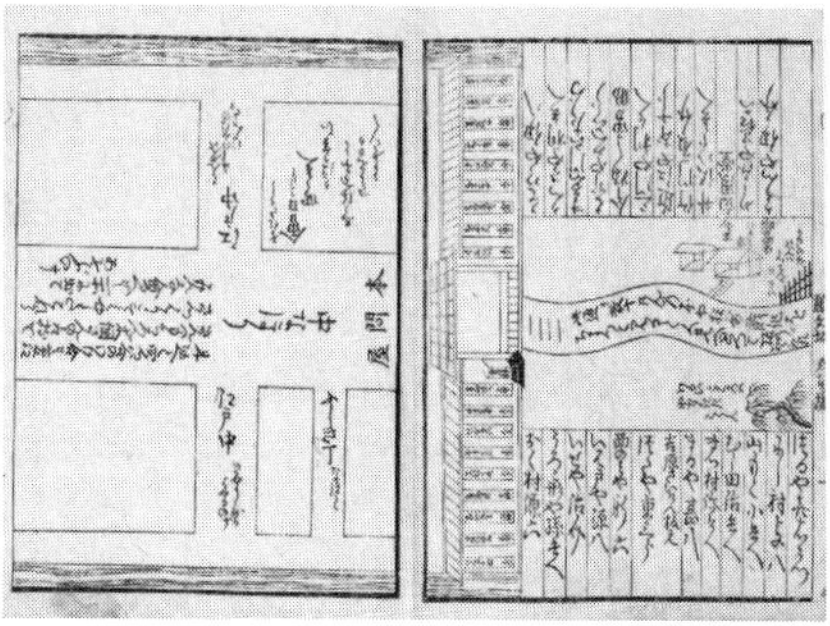

図35『狂歌師細見』

その翌年、南畝は吉原に行くと重三郎の店を時々訪ねている。そしてさらにその翌年の一七八三年（天明三）、大田南畝は蔦屋耕書堂から四方赤良の名で狂詩集『通詩選笑知』を刊行し、一七八四年（天明四）には『通詩選』を出した。

狂歌が和歌のパロディであるように、狂詩は漢詩のパロディである。自分で漢詩を読みこなし自作できなければ、パロディは作れない。子供時代からの教育で漢文の読み書きはできても、漢詩のリテラシーを持つ者は武士の中でも限られる。大田南畝は下級武士ではあったが、極めて高い能力をもっていたのである。

この時期、狂歌の運動も頂点に達していた。一七八三年に刊行された狂歌師の人名録『狂歌《きょうか》知足振《しったりぶり》』には三二六名の狂歌師が記載された。また、吉原細見のような地図型イラストを使った『狂歌師細見』(図35)には、二〇〇名以上の狂歌師が見える。

この人数はいったい何だろう? プロフェッショナルの作家が一ジャンルにこれだけいるとは信じられない。狂歌とは、プロの世界のものではない。各地の俳諧師たちが旅をしながら座をもち、そこに連句の「巻」ができていったように、狂歌は江戸の各地で連が開かれ、そこで歌を詠み合う。時に集を作る。連を形成するので名簿が作られる。

狂歌の「場」は、現実の個人としての人間が住まう場所ではない。例えば役割でがんじがらめになった大田直次郎は、家においては幕府・徳川家の御徒《おかち》という役割を担う七十俵五人扶ちの下級武士であり、大田家の主人である。しかし彼は江戸に別世を作った。それが狂歌連である。そこでは直次郎は大田南畝というもの書きであり、四方赤良という狂歌師であり、蜀山人という文化人であり、寝惚先生という狂詩家であった。そのほかにも巴人亭、杏花園、山手馬鹿人、風鈴山人という名前を使い分けた。

駿河小島藩士の倉橋格は、家においては駿河小島藩江戸詰用人であり、倉橋家の主人だ。別世では、酒上不埒《さけのうえのふらち》という狂歌師で、恋川春町という高名な作家であり、倉橋寿平、寿山人でもあった。

秋田藩士の平沢常富《ひらさわつねまさ》は、家においては秋田藩留守居役という役割があり、平沢家の主人である。別世では俳名を雨後《うご》庵月成《あんつきなり》と言い、手柄岡持という狂歌師で、朋誠堂喜三二という作家で、黄表紙では亀山人、笑い話本では道陀《どうだ》楼麻《ろうま》阿《あ》というふざけた人でもあった。

姫路藩主の弟である酒井忠因《ただなお》は名門・酒井家の一員であり、別世では尻焼猿人《しりやけのさるんど》という狂歌師で、画家としては酒井抱一という江戸琳派の祖であり、屠竜という名で美人画を描き、雨華庵という名でも生きた。

町人の大野屋喜三郎は、湯屋の経営者である。別世では元木網《もとのもくあみ》という狂歌師として知られ、妻も知恵内子《ちえのないし》として狂歌で活躍した。

町人の糠屋《ぬかや》七兵衛は旅籠の経営者である。別世では石川雅望《まさもち》という物書きであり、宿屋飯盛という狂歌師で、六樹園という名でも活躍している。蔦屋重三郎の墓碑銘は彼の手によるものだ。

歌舞伎役者の五代目市川団十郎は、江戸歌舞伎の濫觴《らんしょう》である市川家という名跡に大きな責任を負っているが、別世では花道つらねという狂歌師である。

町人の岩瀬醒《さむる》は京屋伝蔵としてたばこ入れ屋を経営している。家では経営者である。別世では北尾政演という浮世絵師で、山東京伝という売れっ子作家で、身軽折介という狂歌師で、さらに、作家として黄表紙と洒落本で「艶次《えんじ》（二、治）郎《ろう》」というキャラクターを自分のアバターとして駆使している。この艶次（二、治）郎は、細面《ほそおもて》の岩瀬さんとは似ても似つかない、丸顔で目が離れ、鼻が上を向いている、見るからにコミカルなキャラクターだ。そういうキャラクターを作り出し、まるで自分であるかのように登場させて動かす。

これらの、家の役割の外にある、別世における人格をどう呼べばいいのか？　江戸時代では、家とは異なる場が「〜連」「〜社」「〜会」として出来ている。そこでは、それぞれ異なる名前で参加する。江戸時代の社会においては、個々の人間が複数の名前を使い分けることで、複数の「わたし」の才能を使いこなす。

狂名をはじめとする「多名」は、アバターと呼んでも差し支えないのではないかと思う。アバターとは本来、化身、権化、権現、明神のことである。人間というものはそもそも自身を何かのアバターとみなし、自身を分けてアバター化することで、社会の中でようやく生きていかれる存在なのではないか。

狂歌は逆から世界を見る

ここからは作品に即しながら、狂歌によって表現された世界を見ていきたい。

一刻を千金づつにしめあげて六万両のはるのあけぼの（四方赤良）

この狂歌は蘇軾《そしょく》の「春宵一刻値千金」という漢詩の一部を使って、金勘定をした狂歌だ。俳諧が和歌の言葉を現実の言葉の中にほどいたように、狂歌も和歌や漢詩を現実生活に引き込む。つまり「俗化」だ。狂歌は集としてまとめて古典のパロディにするのだが、もちろんひとつひとつの狂歌も、古典のパロディという基本路線をもっていた。

かくばかりめでたくみゆる世の中をうらやましくやのぞく月影（四方赤良）

この狂歌は、「かくばかり経がたく見ゆる世の中にうらやましくもすめる月かな」（藤原高光）という和歌の視点を上下ひっくりかえしたものだ。「経がたく（生きているのがつらい）」を「めでたく」にしただけでなく、人間が月を眺める情景を、月が人間の世の中を「うらやましく」眺める情景にした。悲哀と重さが、なんともめでたく軽い世界になった。

狂歌は世界についての人間の感じ方を変える。これはかつて「予祝《よしゅく》」と言い「祝詞《のりと》」と言った。言葉で祝うことで世界を変える。実際は世界そのものが変わるのではなく、世界に対する人間の感じ方や見方が変わるのである。しかし私たちが日常的に知っているように、人間はその考え方次第で社会や世界や、時には他人を、変えることができる。江戸時代はすでに言霊を信じる時代ではない。言葉そのものが力をもって物理的に何かを変えることはない。しかし人の気持ちを変えることで、事柄を良い方に持っていくことができる。狂歌の場合、悲哀を可笑しさに変え、権力を笑い飛ばすことで、人を救うことができた。笑いとはそういうものだ。かつては芸能全般がもっていたそのような力は、文学の力でもあった。

山吹の口なしめしやもらんとておたま杓子もゐでの玉川（四方赤良）

くちなしめしとは「梔子飯」と書き、クチナシの実の煎じ汁に塩を入れて炊いた鮮黄色の飯のことである。和歌で山吹というと山吹の花のことだが、ここではこの言葉を現実に引き込んで「飯（めし）」にした。飯を盛るから杓子であるが、ここは川が出てくるのでおたまじゃくしという縁語を入れた。その川だが、ゐでの玉川とある。この川は木津川の支流として京都を流れる川で、澄んだきれいな水で知られている。そのようなきれいな川は六ヶ所あり、これらは六玉川《むたまがわ》と言われた。ここではおたまじゃくしが出る、ということと、ご飯をよそうために杓子が出てくる、ということをかけた。むろん本歌がある。本歌は、

かはづ鳴く井手の山吹ちりにけり花のさかりに逢はましものを（『古今和歌集』よみ人しらず）

である。山吹は散ってしまったのだが、花のさかりに来てみたかった、という歌だ。狂歌では「かはづ」を出さなかった。そのかわり、かはづの赤ちゃんである「おたまじゃくし」を出したところがかわいらしく面白い。

「かはづ」「澄んだ川」「山吹の花」の取り合わせは和歌の定番だった。「かはづ鳴く神名火川に影見えて今か咲くらむ山吹の花」(厚見王)は『万葉集』の歌で、神名火川は神社ぎわの川のこと。ここでは飛鳥川か竜田川を意味するという。「山吹の花さきにけりかはづなく井手の里人いまやとはまし」(藤原基俊『千載集』)は、井手の川の里に住む人を思い出し、この美しい季節に訪れてみよう、という歌だ。気が付くように、これらすべての歌で、かはづは鳴いている。なぜなのかというと、和歌に登場するかはづは、カジカガエルのことだからである。カジカガエルは清流に住み、鳥のように美しい声で鳴く。そこで和歌の世界では鳥として扱われるのである。

このような組み合わせの定番があると、それを滑稽化(俳諧)しやすい。この「おたま杓子も井手の玉川」という四方赤良の狂歌はおたまじゃくしなのだから、むろん鳴かない。山吹も花ではなく飯なのだから、観賞するのではなく食べる。この転換も面白いが、実はこれより早くこのかはづの定番をパロディにしたものがあった。

それこそが、

古池やかはづ飛び込む水の音（芭蕉）

である。こちらは「かはづ」「山吹の花」という要素のうち、まず「山吹の花」を消した。カラフルな世界が消え、モノクロームに一歩近づく。さらに、「澄んだきれいな水の川」を、「古池」という、古く濁ったよどんで流れない水に一八〇度ひっくり返した。まったくのモノクローム。しかも濁っている。最後に、かはづに鳴かせなかった。飛び込ませたのである。古池に飛び込むくらいだから、カジカガエルでないことは明白だ。聴覚がとらえたのは鳥のような声ではなく、アマガエルかガマガエルかヒキガエルか、とにかくそういうカエルが水に飛び込んだ音である。

この句は芭蕉が「風雅」を確立した句である。なぜ風雅なのか。まず和歌が背景に残像として残っている。にもかかわらず、長い間続いてきた（不易の）華やかな色や楽しそうな音を消して、情景を転換し、古池という現実的でありながらも時間の堆積物が中心の存在になるようなシーンを発明し、そこに飛び込み、堆積物（記憶）を広げながらまったく新しい音（流行）を出現させたのである。禅で言えば覚醒の瞬間のような構造を作り出した。風雅は、不易と流行を一体化させる方法である。このような転換の方法が蕉風である。蕉風とは、俳諧が単なる言葉遊びから、イメージ（映像）やサウンド（音）をともなった芸術に高められた境地をいう。

さて、和歌でよく詠まれる鶉《うずら》も、芭蕉がやったように鳴き声を消された。狂歌では食べ物にされたのだ。

ひとつ取りふたつ取りては焼いてくふ鶉なくなる深草のさと（四方赤良）

本歌は、「夕されば野辺の秋風身にしみて鶉鳴くなり深草の里」（藤原俊成『千載集』）だ。こちらは「鳴くなり」が「無くなり」とされたが、とにかく鶉をつかまえては次々と焼いて食らうシーンが可笑しい。

ほととぎす鳴きつるあとにあきれたる後徳大寺の有明の顔（四方赤良）

この狂歌は食うとか寝るとか日常の行動を使っていないので、やや難しいが、とても可笑しい。本歌は「ほととぎす鳴きつる方をながむればただ有明の月ぞのこれる」という、『千載集』にあり百人一首にも入った、藤原実定の歌である。藤原実定とは後徳大寺左大臣と言われた人で、狂歌では本歌を詠んだ本人を登場させたのだ。ほととぎすが鳴く、そちらの方へ顔を向ける、するとそこに有明の月が残っている。実定が月を見ているのだが、その顔を、こんどは我々が見ている。「あきれたる有明の顔」は、びっくりしてあっけにとられ、口をあけて呆然としているその顔が、まるで有明の月のようにぼやっとしている、そういう顔を目の前に見るようなのだ。この狂歌などは笑いながらも傑作だと思う。

狂歌には可笑しいより、むしろ美しい本歌取りもある。

袖の上に霜か雪かとうちはらふあとよりしろき冬の夜の月（四方赤良）

夜、袖の上に白い影が見える。雪が降ってきたのか、それとも霜が降りたのか、と思いつつ払ってみるが消えない。そのうちようやく気が付く。後ろから冬の明瞭な月の光が自分を包んでいて、その光が袖に反映しているのだ。これはきれいだ。

本歌がある。「駒とめて袖うちはらふかげもなし佐野のわたりの雪の夕ぐれ」（藤原定家『新古今和歌集』）だ。「駒とめて袖うちはらふかげ」までで、読者は、馬上の貴族のちょっとした動作を脳裏に思い浮かべる。しかしながら「もなし」でそれが否定される。残像が残りながらも誰もいない、何もない、雪ふる佐野の夕暮れである。その面影を、狂歌は受け取って日常の暮らしに投げ込んだ。「霜か雪か」で、読者はその両方を思い浮かべるが、そのどちらでもない。それは「月の光」であった。

狂歌と「面影」

ここには、日本の和歌が開拓してきた重要な要素である「面影」が登場している。実態ではなく、歴史の中で積み重ねられ多くの層を作り上げてきた面影が、日本文化の創造性のなかで大きな役割を果たしてきたことを、松岡正剛はさまざまなところ（『日本という方法』『擬《もどき》　MODOKI』など）で書いてきた。対談『日本問答』『江戸問答』『昭和問答』（いずれも田中優子・松岡正剛、岩波新書）においても、それが重要なキーワードになっている。

俳諧、狂歌という和歌の俳諧化の過程で、複数の作者たちが互いに取り交わすのは、その「面影」である。面影とは、言葉を変えて言えば「コノテーション」だ。コノテーションとは、明示的で単一の意味（デノテーション）に対し、当該の文化が長い間蓄積してきた象徴的で多様な含意のことだ。文章の脈絡によってコノテーションの範囲はおおまかに決まるが、そこからさらに多くの意味を読み取り引き出すことも可能である。狂名が平安歌人を含意している、すなわち面影として背景においているように、狂歌は平安時代から江戸時代に至るまで詠まれてきた和歌とその周辺の文学を使いこなした。それは江戸時代初期に俵屋宗達、本阿弥光悦が美術の分野でおこない、芸能としては能がおこない、歌舞伎が「世界」（古典に根ざしたストーリーの枠組み）という言葉を使っておこない、江戸文化のほとんどがおこなってきたことだった。江戸文化はどれをとっても挑戦的で新しいが、そのような創造ができる秘訣は、膨大な面影を使いこなしているからである。

雪ふれば炬燵櫓《こたつやぐら》に盾こもりうつて出づべきいきほひはなし（四方赤良）

前にも紹介したこの狂歌には、とりわけ本歌があるわけではない。しかし「櫓」「盾」「撃って出る」「勢い」という言葉が中世の武将による戦いのシーンであることは明白で、そのような男らしい、勇ましいありようの対極に、こたつにしがみつく江戸の男たちの可笑しさ、面白さが出ていて、まさに江戸時代らしい歌なのだ。狂歌とはなるほど、江戸時代にしか存在しえなかったことがわかる。近代も、中世と同じかそれ以上に、こんどは国家単位で戦いに明け暮れた男たちの時代であるから、こういう弱々しい歌はなかなか作れない。

ここには、「面影を使ってそれを否定することで浮上する他の存在」がある。馬上の貴族を出現させたのちに否定することで、「侘び」とも言える世界を創出した定家のように、「櫓」「盾」「撃って出る」「勢い」をことごとく否定し、たかが雪でこたつにしがみつく自分を、すっかり肯定してしまう江戸時代の人間観の面白さが、ここに浮上したのである。

江戸時代のその人間観を出版物にすることで、現代の私たちに届けたのが、蔦屋重三郎だったのだ。石川淳の『狂歌百鬼夜狂』に次のような文章がある。

天明狂歌のかぎりでは、「狂歌は歌の俳諧なり」といふ菅江（朱楽菅江）の陳述は絶対に正しい。……俳諧化とは、一般に固定した形式を柔軟にほぐすことをいふ。これをほぐすためには、精神は位置から運動のはうに乗り出さなくてはならない。

江戸時代の創造は何のジャンルであれ、この「俳諧化」の意識でなされた。前の時代のものを受け止めながら、それをそのまま使うのではなく、生活の中に置き直してほぐす。その上で新たな編集的創造をおこなう。これが言葉の面でも「ものづくり」の面でも、広くおこなわれた。浮世絵はものづくりであると同時に、あらゆる文化や言葉と繋がっているので、技術の高みを目指しながらも、そこに言葉と手を組むための余白を残した。

狂歌はそれじたいが和歌の俳諧化でありながら、その創造の場であった「狂歌連」も歌合の俳諧化であり、創造の源泉だったのである。蔦屋重三郎はその可能性に気づいた。狂歌集そのものは商品として多くは売れなくとも、狂歌師の存在こそ、汲めどもつきぬ創造の源泉なのだ、と。

Ⅶ　浮世絵を編集する

技術《わざ》と編集

一七八六年（天明六）、蔦屋重三郎は喜多川歌麿の最初の絵入狂歌本『絵本江戸爵《すずめ》』を制作、刊行した。一七八七年（天明七）には、歌麿の絵入狂歌本『絵本詞《ことば》の花』を刊行。一七八八年（天明八）にも歌麿の絵入狂歌本『画本虫撰《えほんむしえらみ》』を、そして一七九〇〜九一年（寛政二〜三）には歌麿の絵入狂歌本『百千鳥《ももちどり》狂歌合』を刊行した。これらは喜多川歌麿が世に知られるようになった、記念碑的な作品だった。しかも彫りと摺りが最高峰に達したことがわかる作品群だった。

蔦屋重三郎は喜多川姓である。歌麿は重三郎と何か血縁があるのか、と思ってしまうが、歌麿は本名が北川勇助で、字が違う。その北川を喜多川にしたのは、きっと重三郎だろう。歌麿の生年は明らかではないが、一七五三年（宝暦三）と推測されている。だとすると『絵本江戸爵』の刊行時、重三郎は満三六歳、歌麿は満三三歳だ。歌麿は、浮世絵の「拭きぼかし」技法を発明した浮世絵師で、『画図百鬼夜行』などの妖怪画でも知られる鳥山石燕《とりやませきえん》の弟子であった。若い頃から修業し、一〇代だった一七七〇年（明和七）から挿絵の仕事をしている、プロフェッショナルの浮世絵師だ。

その歌麿が世間に知られるようになったのが、これらの「絵入狂歌本（狂歌絵本ともいう）」だった。すでに述べたように、天明狂歌の世界では、一七八五年（天明五）には『狂歌百鬼夜狂』が、一七八六年には『吾妻曲狂歌文庫』が、一七八七年には『古今狂歌袋』が出ている。歌麿の狂歌絵本刊行とぴったり寄り添っている。

もし『絵本江戸爵』『絵本詞の花』『画本虫撰』『百千鳥狂歌合』が単なる色彩浮世絵シリーズであったら、評判にならなかったかも知れない。しかしこれらは単なる浮世絵ではなく、平安時代からの文学の伝統を受け継いだ「歌合《うたあわせ》」として、しかも最高峰の絵入り歌合としての、傑作なのである。

ここから蔦屋重三郎の本格的な浮世絵の出版が始まる。

その前に、すでに「本の印刷」については説明したが、改めて「浮世絵とは何か」について、述べておこう。

まず屏風や絵巻に、都市生活が描かれた。花鳥風月ではなく、都市の人々が生きている日常を描いたのである。新鮮だったろう。これらを「風俗画」とか「浮世絵」という。やがて屛風や絵巻から一人や数人の人物が独立し、肉筆（手で描いた絵）の「浮世絵」になった。それと同時に、本の挿絵として人物が印刷されるようになった。この段階では、墨で印刷するだけのモノクロである。そこに手で色をさすようになった。

　さらに、本から一枚絵が独立した。一枚絵が手彩色の浮世絵になり、手彩色の色が二色、三色と増えていった。次に色を印刷するようになった。墨摺りの後、別の板木に色をつけ、そこに墨摺りで輪郭を印刷した絵を乗せて、バレンでこするのである。その色数が二色、三色と増えていく。そして、どんな色でも印刷できる「錦絵」になった。「見当」の発明によって色がずれなくなったのだ。

　すると人物だけでなく、植物や昆虫や貝や鳥の錦絵が出現した。それらは極めて微細で微妙な線で描くので、高度な技術の絵師と彫師と摺師が必要になった。やがてそれが人物画になる。立ち姿を描いていた美人画は、微細な線が可能になったために、クローズアップという編集方法によって「大首絵」に生まれ変わったのである。それをやり遂げた制作者が、蔦屋重三郎であった。

　磯田湖龍斎、勝川春章、北尾重政、北尾政演（山東京伝）、北尾政美（鍬形蕙斎《くわがたけいさい》）。彼らは蔦屋重三郎が関わってきた浮世絵師たちだ。蔦屋耕書堂は絵草紙屋（地本問屋）である。絵草紙とは、赤本、黒本、青本、黄表紙、合巻などの、絵が主体の本や、絵入りの本のことである。

これらの本を出版するには、絵師たちが欠かせないのである。

磯田湖龍斎、勝川春章、北尾重政は、前にも述べた、吉原細見や最初の黄表紙『金々先生栄花夢』などの版元、鱗形屋で仕事をしていた絵師たちであり、重三郎も彼らと仕事をするようになった。やがて北尾重政の弟子である北尾政演、北尾政美とも組むようになる。恋川春町も黄表紙の絵を描いていたが、現役の武士であり職業的な浮世絵師ではない。この時代は多様な能力を持つ人は珍しくなく、それを異なった名前で使い分けながら活躍することができた。恋川春町も北尾政演も、構成力、文章力とともに絵師としての能力をもち、政演は職業的な浮世絵師としての修行も積んでいた。政演が京伝として、その能力を発揮し始めたのは鶴屋喜右衛門のところであったが、やがて蔦屋重三郎の仕事をするようになった。

重三郎の活躍期には、すでに多くの絵草紙屋が江戸にひしめいていた。一七八一年（天明元）に刊行された大田南畝の絵草紙評判記『菊寿草』には、八ヶ所の代表的な版元が記載されている。鶴屋喜右衛門、村田屋次郎兵衛、奥村屋源六、松村弥兵衛、西村屋与八、伊勢屋次兵衛、岩戸屋喜三郎、蔦屋重三郎である。一七八二年（天明二）に鶴屋喜右衛門が刊行した山東京伝の黄表紙『御存商売物』の冒頭には、狂言師が版元マークを散らした袴をつけて舞台に現れる（図36）。そこには上記八版元の他に、丸屋甚八、江崎屋吉兵衛、伊勢屋金兵衛、和泉屋市兵衛のマークが見える。さらにそのほかに、伊賀屋勘右衛門、江見屋吉右衛門、佐野屋喜兵

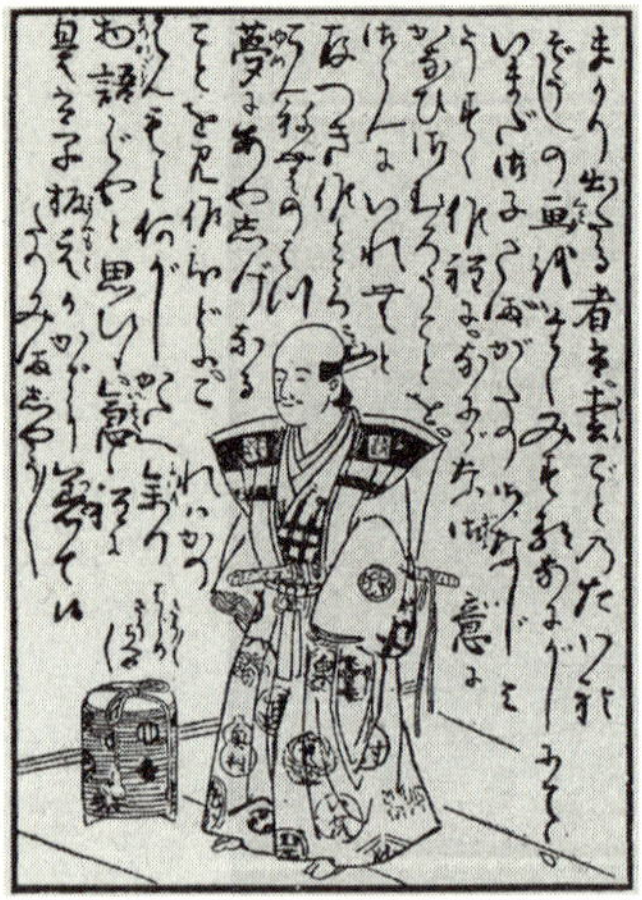

図36『御存商売物』

衛がいたことがわかっている。

作家や絵師の取り合いがあったことは容易に想像できるが、腕の違いがある彫師、摺師についても版元は、その確保に懸命だったろう。山東京伝が手鎖の処分を受けた三作については、重三郎は板木屋の新八と金六に依頼している。これらは洒落本なので文字がほとんどを占める。彼らは文字の彫工だろう。一方、黄表紙の場合、そのストーリーやセリフと共に、絵の出来が全体の印象を決める。さらに浮世絵となれば、彫りと摺りの技術が、絵の品格そのものを決定づける。

歌麿との出会い

そこで、蔦屋重三郎と喜多川歌麿の出会いが気になる。歌麿は鳥山石燕の弟子なので、最初はその「石」をもらって「石要」と名乗っていた。一七七〇年（明和七）から仕事をするようになり、五年後には北川豊章の名前で富本正本の表紙絵や、黄表紙、洒落本の挿絵も描くようになる。浮世絵師は一般的にこのように、挿絵から始まって次第に一枚絵も描かせてもらえるようになるのだ。
　その北川豊章が初めて「歌麿」と名乗ったのが、一七八一年（天明元）に蔦屋重三郎の刊行した志水燕十の黄表紙『身《み》貌《なり》大《だい》通《つう》神《じん》略縁起』の挿絵だった。そして本格的な浮世絵が翌年の一七八二年（天明二）頃の横大判錦絵「風流四季遊」（冬）と、一七八三年（天明三）頃の大判錦絵二枚続「四季遊花之色香」（春）、「風流花之香遊・高輪の季夏」（夏）、「風流花之香遊」（秋）である。これらが続けて出されている。

図 37「青楼仁和嘉女芸者部」

　そして、その年の七月の玉菊灯籠に取材した『燈籠番附　青楼夜のにしき』から「喜多川歌麿」の署名を使うようになる。さらにその年の八月の俄の祭に取材した組絵「青楼仁和嘉女芸者部」では、獅子を担当した「たま屋」の芸者おいと、大万度（大行灯）を担当した「まつ屋」のおちゑとおの吉、「萩江」のおいよと竹次、そして「大津屋」の秀松、八十吉、いつ清の姿（図37）を詳細に描いている。さらに「青楼尓和嘉鹿嶋踊」では、同じ年の俄《にわか》で鹿嶋踊を担当した京町二丁目「角かなや」の禿きよみ、せきや、たこと、同じく京町二丁目「大ひしや」の禿ささの、きんし、ひでのを描いた。これらはⅢ章「紙の上に祭が立ち上がる！」の項で先述した、浮世絵を使った「祭の記録」の一つだった。

歌麿の浮世絵は多岐にわたるが、蔦屋重三郎の編集から見た場合、「喜多川歌麿」と署名するようになった歌麿の仕事は、「吉原の行事や日常の記録」「狂歌師たちとの共作による狂歌絵本」「個々の人物に絞った大首絵」に大別される。その最初の「吉原の行事や日常の記録」が、玉菊灯籠と俄の祭であった。歌麿と蔦屋重三郎との出会いは、吉原の編集の場にあったのだ。

狂歌絵本が「風景」を発見した

次に刊行されるのが、狂歌絵本（絵入狂歌本）だ。

前にも述べたように、一七八六年（天明六）、喜多川歌麿の最初の絵入狂歌本『絵本江戸爵《すずめ》』（図38）が刊行される。墨刷り三冊本。これこそ、喜多川歌麿の江戸文化への登場が、蔦屋重三郎によってなされたことが明瞭な事例なのである。それは決して、絵師としての歌麿を「雇った」ということではない。朱楽菅江の序文に「都多唐丸《つたのからまる》江都の名勝を図せめしてこれに好士《こうず》

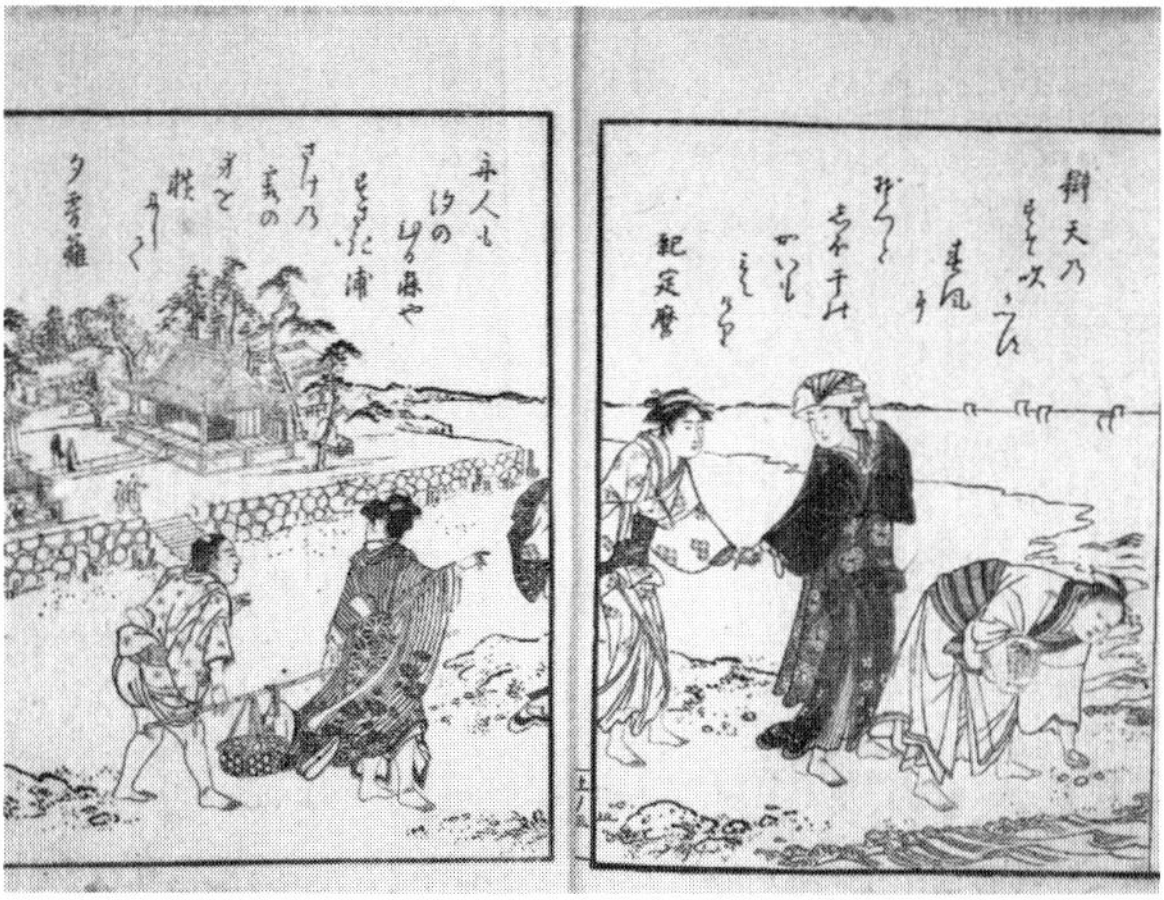

図38　歌麿が世に出た『絵本江戸爵』

の狂詠を乞ふ」とあるように、まず歌麿に江戸市中の名所を描いてもらった。吉原、洲崎、柳橋、三囲《みめぐり》神社、向島、堺町、葛飾、葭町、両国、通町、屋根舟、道灌山、山谷堀、牛島、巣鴨、不忍池、浅草、酉の市、橘町、新宿大木戸、木場などである。それぞれの絵の上に狂歌が配置されている。

　次の年に刊行された『絵本詞《ことば》の花』はこの続編である。ここには吉原引き手茶屋二階からの花見、両国の花火、萩寺柳原向、日本堤の夜明け、田園、新年の路上などで、具体的な地名がなくテーマで描いたものもあり、やはりそれぞれの絵の上に狂歌が配置されている。

　浮世絵は都市の風俗画と言えるが、それはほとんどの場合、人物画を意味した。さまざまな場所を描きはするが焦点は常に人であった。吉原の年中行事も、人が展開する行事であって、風景を描いたものではない。

　私たちが知っている「浮世絵」には、葛飾北斎や歌川広重の膨大な作品群が含まれているので、浮世絵は人物画ばかりでなく風景画でもあることを、知っている。しかし一七八〇年代前半の江戸では、浮世絵とは人物画のことなのである。風景や花鳥は浮世絵師ではなく画家が描くものであった。喜多川歌麿の作品の多くも人物画が占めていると言っていいだろう。

　しかしこの二点の狂歌絵本で試みられたのは、江戸の名所絵、つまり風景画浮世絵であった。ここに描かれた多くのものが、この後に出てくる『江戸名所図会』『名所江戸百景』『画本《えほん》東都遊《あずまあそび》』などの風景に重なる。蔦屋重三郎は、当時はまだ存在しなかった風景画浮世絵を、初めて刊行したのである。その意味で、『絵本江戸爵』と『絵本詞の花』は画期的だった。

　なぜそのような「対象の拡大」ができたのかと言えば、それは狂歌の存在である。ここでおこなったことは、場所と歌の合体編集だ。場所と歌を合わせることによって、狂歌の側から名所が見えた。空漠と広がる都市の風景は、言葉によって次第に名所として発見されていく。吉原とその周辺である浅草、山谷堀、柳橋、三囲神社、向島などは、狂歌を詠む人々が足を運ぶことによって言語化され、まなざしがそれを追うように風景として捉える。それは古代における名所の発見と同じプロセスである。歌が詠まれ、歌枕が成立し、物語に描かれ、謡に取り込まれる。名所は言葉が先行する。まなざしのカーソルがそれを追いかける。蔦屋重三郎は、「編集」が新しい分野を作り出すことを、十分に知っていたのだ。

狂歌絵本が広げた虫めづる世界

しかしそれだけではなかった。次の年の一七八八年（天明八）、『絵本江戸爵』『絵本詞の花』の約一・三倍の大きさの、多色刷り（全カラー印刷）狂歌絵本『画本虫撰《えほんむしえらみ》』が刊行されたのだ（図39）。『絵本江戸爵』『絵本詞の花』が場所と風景の発見だとすると、『画本虫撰』は花鳥虫類の発見であった（二五三ページ参照）。

花鳥画は浮世絵師ではない画家たちの領域である。狩野派はもちろんのこと、琳派、円山応挙を中心とする円山派、伊藤若冲など、多くの画家が活躍していた。特に伊藤若冲の『動植綵絵《どうしょくさいえ》』は陸の生き物、水中の生き物、植物、昆虫を問わず多数の種類を描き分けている。円山応挙も『百蝶図』を描いた。しかし、浮世絵師の領域は人間とその生活であったはずだった。しかし蔦屋重三郎はその範囲を一気に広げてしまった。なぜそれができたのか。それはやはり、狂歌があったからである。

蔦屋重三郎は狂歌絵本を、平安時代の「歌合」の伝統の中に置いた。狂歌が「歌合」との繋がりの中にあることは、すでに述べた。しかし狂歌も狂歌絵本も、平安文化の複製ではない。中

図39 多色刷りの『画本虫撰』

世では和歌の伝統が「連歌」としても広まった。江戸時代になると、連歌は「俳諧（滑稽）」化されて連歌俳諧となった。俳諧化とは笑いを誘うという意味ばかりではなく、和歌の美意識によって排除されていた「現実生活」を言葉にしたジャンルである。和歌では詠われる花、鳥、虫は限られていたが、俳諧では旅や生活で目に入るあらゆるものが題材になった。

例えば前述したように「古池やかはづ飛び込む水の音」（芭蕉）は俳諧であり、そのもとになった和歌の一例は「かはづ鳴く井手の山吹ちりにけり花のさかりに逢はましものを」（『古今和歌集』）である。清流（井手川）と山吹に取り合わされるにふさわしい「かはづ」は、鳥のように美しい声で鳴くカジカガエルのみであって、それ以外の「かはづ」は和歌に登場しなかった。したがって和歌における「かはづ」は必ず「鳴く」のである。

それを芭蕉は清流（井手川）と山吹を排除し、そのかわりに「古池」を入れて「かはづ」は飛び込むことにしてしまった。鳴かないで飛び込む「かはづ」は、もはやカジカガエルではなく、その他の蛙である。「蚤虱《のみしらみ》馬の尿《ばり》する枕もと」「牛部屋に蚊の声くらき残暑かな」「うき人の旅にも習へ木曾の蠅」（芭蕉）。昆虫に限ってみても、蚤も虱も蚊も蠅も登場するのが俳諧である。和歌の時代にはなかったことだ。

このように俳諧は和歌よりはるかに広い視野を持ったわけだが、江戸時代の人々は笑いを好む。美意識だけでは足りない。そこで新たに隆盛したのが「狂歌」であった。狂歌とは中世からの名称だが、江戸時代後半になると、「笑い」を取り戻すべく、狂歌は社会の表に噴出してきた。「天明狂歌」がそれである。蔦屋重三郎の狂歌絵本の編集は、まさにその動きの中に出現した。

『画本虫撰』は木下長嘯子《ちょうしょうし》（一五六九～一六四九）の『虫歌合』にちなんで作られたことが、撰者の宿屋飯盛の序文でわかる。「歌合」は催し物である。『画本虫撰』は八月一四日、隅田川の堤に毛氈《もうせん》を敷いておこなわれた、という設定になっている（真偽のほどはわからない）。下絵は喜多川歌麿、彫りは当時一流といわれた藤一宗を選んだ。登場する虫類は蜂、毛虫、馬追虫

（バッタの一種）、むかで、けら、はさみむし、蝶、蜻蛉《とんぼ》、虻《あぶ》、芋虫、松虫、蛍、ばった、蟷螂《かまきり》、ひぐらし、くも、赤蜻蛉、いなご、蛇《へび》、とかげ、蓑虫、兜虫、蝸牛《かたつむり》、轡《くつわ》虫、きりぎりす、蟬、蚓《みみず》、こおろぎ、蛙、こがねむし、である。

ところで歌合は本来、歌人を「右」と「左」に分けて判者が歌を判定し、勝ち負けを決める平安貴族の催し物であった。歌合では、根合、前栽《せんざい》合、貝合、絵合、花合、虫合、小鳥合、蛍合、薫物《たきもの》合など、物にちなんで題を決め、それを詠み込んで競うこともあった。勅撰和歌集に入れる歌を収集するために行われたともいわれている。和歌の「合わせ」はこのような方法で日本の文化の中に定着し、江戸時代に至る。一六七〇年代には『狂歌百種歌合』がおこなわれた。一七七〇年（明和七）には『明和十五番狂歌合』が開催された。代表的な集としては一七八三年（天明三）に『狂歌若葉集』と『万載狂歌集』が編まれている。

木下長嘯子の『虫歌合』はごく初期の狂歌虫合で、そこでは「こおろぎ」と「蜂」、「げじげじ」と「蟻」、「はたおり」と「蓑虫」、「かまきり」と「あしまとひ（針金虫）」、「いもむし」と「蝶」、「けむし」と「くつわむし」、「きりぎりす」と「みみず」、「鈴虫」と「松虫」、「むかで」と「きこりむし」、「ひぐらし」と「こがねむし」、「はえ」と「蚊」、「のみ」と「しらみ」、「けら」と「蛍」、「くも」と「蟬」、「くちなわ（蛇）」と「ひきがえる」が、左・右で組み合わされている。

『画本虫撰』はこの『虫歌合』を土台とした。選ばれた虫には違いがある。『虫歌合』に取り上げられた蠅、蚊、蚤、虱、蟻は『画本虫撰』に登場しない。『虫歌合』に登場しなかったとかげ、蜻蛉、兜虫、いなご、蝸牛などが登場している。この違いの理由は明確だ。『虫歌合』は言葉でのみ編まれた書物であり、『画本虫撰』は狂歌絵本という、高度なカラー印刷本だからである。すでに狂歌や俳諧ではお馴染みになった蠅、蚊、蚤、虱、蟻はいずれも小さい。蚤、虱に至っては、肉眼で発見するのさえ難しい。だから、目に見えるものが登場した。『画本虫撰』には、庭の草木を合わせる前栽合がそうであったように、舞台としての植物が欠かせなかった。萩、牡丹、桔梗、撫子のような花も配置されたが、そこは狂歌絵本である。和歌には出てこないカボチャやトウモロコシ、ヘチマや芋や筍や豆や瓜が描かれ、それら日常野菜の存在感に負けない虫たちが、配置されたのだった。

ここで詠まれた歌も和歌ではない。狂歌である。しかも色めいたものだった。狂歌による春画だ、と言う人もいる。たとえば尻焼猿人（酒井抱一）は蜂に添えて詠む。「こはごはに　とる蜂のすのあなにえや　うましをとめを　みつのあぢはひ」。四方赤良（大田南畝）は毛虫に添えて詠む。「毛をふいて　きずやもとめん　さしつけて　きみがあたりに　はひかかりなば」。平安時代の歌合を踏襲しながら、俳諧的な素材を使い、俳諧的狂歌的に詠み尽くして笑い絵（春画）にぎりぎりまで近づき、さらに言葉を超えて版画によって冊子にまとめる。取り

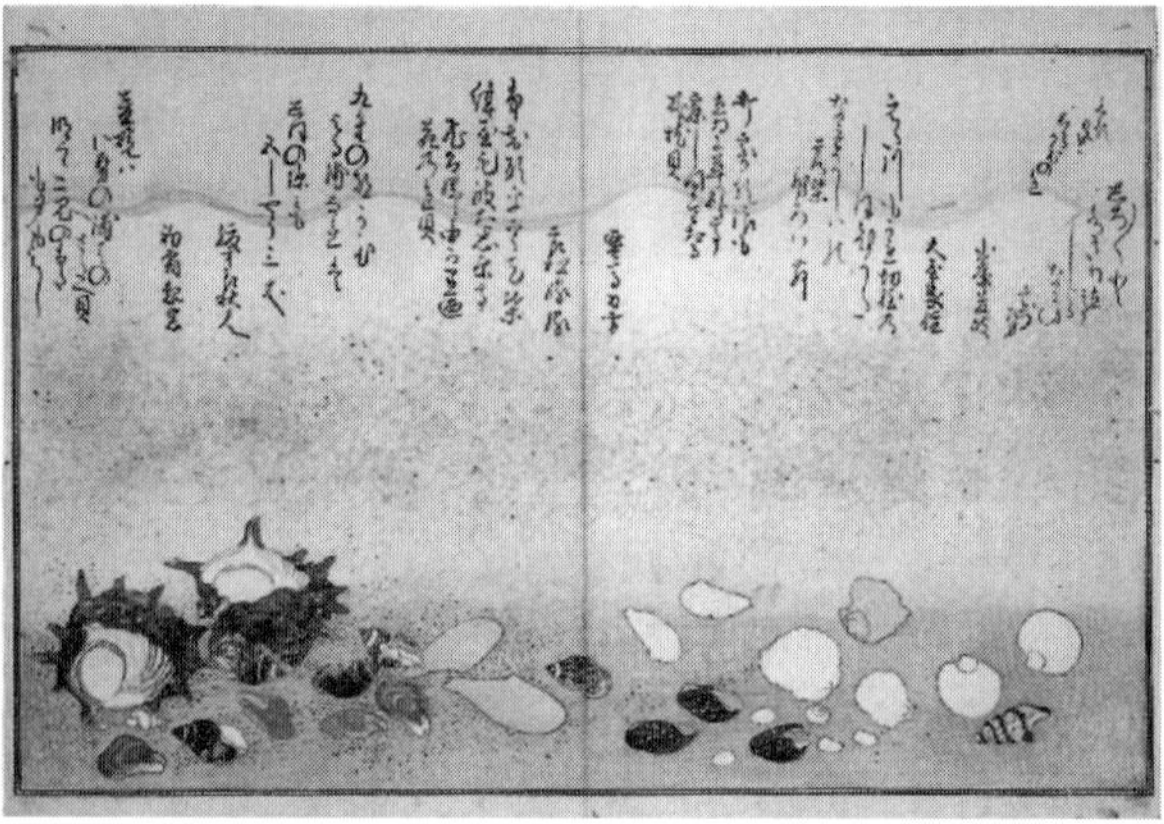

図 40 色彩版本『潮干のつと』

合わせと構図は考え抜かれた。見事に伝統を継承しつつ、飛躍したのである。

歌麿の品格

その後も狂歌絵本は『絵本譬喩節《たとえぶし》』『潮干のつと』（以上一七八九年刊）『絵本吾妻遊』『駿河舞』『銀世界』（以上一七九〇年刊）『百千鳥狂歌合』（一七九一年刊）と、連続して制作、刊行されている。名所絵は『絵本江戸爵』『絵本詞の花』にとどまらなかった。『絵本吾妻遊』と『駿河舞』は、やはり前編と後編のような形で、吉原から始まって麴町、日暮里、駒形堂、新宿、高輪、今戸、飛鳥山、雑司ヶ谷、目白不動、上野、待乳山等々を巡る。

一方、色彩版本の『潮干のつと』（図40）は、和歌の歌合の世界で言えば「貝合わせ」で、最初

図41『百千鳥狂歌合』

に潮干狩りの情景を置き、次のページからすだれ貝、桜貝、紫貝、あわび、紅貝、あし貝、しろ貝、千鳥貝等々、三六種の貝に三六首の狂歌を合わせて構成されている。『絵本江戸爵』『絵本詞の花』『絵本吾妻遊』『駿河舞』が「名所合わせ」だとすると、『画本虫撰』が「虫合わせ」、『潮干のつと』が「貝合わせ」、そして『百千鳥狂歌合』（図41）は「鳥合わせ」なのである。

　鶉《うずら》と雲雀《ひばり》、山雀《やまがら》と鶯《うぐいす》、燕《つばめ》と雉子《きじ》、まめまハしと木つつき、ゑなかとめじろ、山鳥と鶺鴒《せきれい》、鷦鷯《みそさざい》と鴫《しぎ》、鶏と頬白《ほおじろ》、木兎《みみずく》と鷽《うそ》、鵜と鷺、四十雀《しじゅうから》とこまどり、むら雀と鳩、かし鳥とフクロウ、鴨とカワセミ、鷹と百舌《もず》が、右左に配置され、狂歌が置かれる。

　この彫りと摺りは見事で、鳥の羽の微細な一本一本がまるで本当の鳥に触れているかのように感じられ、半身を水に入れて小魚を捕まえている鵜の水中の表現や、色を使わない空摺りで表現した鷺の立体感は、浮世絵の技術が到達した高みを示している。この技術が春画に使われ、美人画に使われることで、浮世絵は自然と人間の両方の表現において、絵画に引けを取らない上質の分野になったのである。

さらに注目すべきなのは、画題の選定である。これらと同時期に制作された絵入狂歌本『狂月坊』(一七八九年刊)『銀世界』『普賢像』(以上一七九〇年刊)は、雪(『銀世界』)月(『狂月坊』)花(『普賢像』)で構成されている。虫合わせ、貝合わせ、鳥合わせ、雪月花の世界は、和歌の世界だ。狂歌が和歌の俳諧化=滑稽化であるように、蔦屋重三郎は、浮世絵を単なる風俗画ではなく、和歌の画題の俳諧化である場所に、位置付けたのだった。

おそらく歌麿にしか、その作品化はできなかった。歌麿の下絵は単に絵が繊細で上手いだけでなく、彫り、摺りという版画技術への限りない敬意が感じられる。その敬意とは、自分の筆で描いたその極めて繊細な線を、必ず実現してくれるという信頼である。喜多川歌麿の浮世絵は、下絵と彫りと摺りの技術が一体化して頂点に達したことで得られた世界だ。そこにある品格こそが、和歌の世界を江戸時代に引き込んで来る力であった。

春画と笑い

『画本虫撰』が刊行された一七八八年（天明八）、歌麿は春画「歌まくら」も刊行している。両方とも、極めて高度な下絵、彫り、摺りの技術で制作されている。春画ではその三年前の一七八五年（天明五）に鳥居清長の傑作『袖の巻』が刊行されており、春画の技術力が浮世絵全体の技術を開拓し支えてきたことは、間違いがない。

春画とは何かを私見で表現すれば、それは「笑い絵」でありパロディである。例えば謡曲が『謡曲色番組』という春画集となっている。その中の「海士」に描かれた春画をもとに勝川春潮が『艶本千夜多女志《えほんちよのためし》』の女性と蛸の春画を描き、それが北斎の『喜能会之故真通《きのえのこまつ》』の蛸と海女の春画に受け継がれたことは知られている。春画とはいわば浮世絵における洒落本であり、次々と展開するパロディの連鎖なのだ。「歌まくら」という題名が和歌の歌まくらをもとにしていることからも、歌合のパロディとしての狂歌絵本との共通点がある。すなわち「俳諧化」だ。

周知のように、二〇一三〜一四年の大英博物館における春画展や、二〇一五年に開催された永青文庫における春画展には多くの女性が訪れた。春画が男性の一方的なまなざしによって描かれたものではなく、男女（もしくは男性同士、女性同士）の共有する世界であり、そのことが現代の人々にも伝わるからであろう。春画を複数で共視すると、そこには必ず「笑い」が起こる。組み合わせからストーリーが浮かび、それを語り合うことで、新たな物語が出現するのだ。おそらく春画は、一人で見るものではなかった。江戸時代の人々も同じように、共に見て共にシチュエイションを想像し、笑っていたのであろう。

春画には刊行者が明記されない。しかし「歌まくら」が蔦屋重三郎の出版であることは、すでに定説となっている。

方向転換

『百千鳥狂歌合』が刊行された一七九一年（寛政三）、蔦屋重三郎の耕書堂は山東京伝の洒落本によって、資産が半減された。喜多川歌麿の美人画はその翌年、一七九二年（寛政四）から出発したと言っていいだろう。寛政の改革の取り締まりによって、さまざまなものが方向転換を強いられた。筆を折る者もいた。しかし武士はともかく、町人たちは生きるために筆を折ることができない。版元も営業をやめることはできない。そこで、さまざまな方向転換をした。

喜多川歌麿はすでに見てきたように、平安時代の和歌の世界を江戸にもたらしたのだから、罪に問われるいわれはない。異なる時代が混合編集され、江戸の庶民文化は高い質を獲得したのである。しかし蔦屋重三郎はそうはいかない。浮世絵は王侯貴族のパトロンがお金を出してくれる芸術作品ではない。多くの人々に買ってもらうことで成り立つ「商品」である。漫然としていられないのだ。

一七九二年から翌年にかけて、蔦屋重三郎は喜多川歌麿の大判錦絵「婦人相学十躰」（図42）

「婦女人相十品」「姿見七人化粧」「琴棋書画」「見立六歌仙」を刊行している。その多くは「美人大首絵」と呼ばれる女性たちのポートレイトだ。

一七九三年（寛政五）には「若那屋内しら玉」「玉屋内まき絹」「玉屋内若梅」「丁子屋内折はへ」「丁子屋内雛鶴」「扇屋内滝川」「扇屋内花扇」「角玉屋内春日野」の吉原の遊女の八枚揃えを刊行している。これらは大首絵ではなく、立ち姿だ。

図42「ポッペンを吹く娘」

さらにその年の八月の吉原俄に登場した芸者「荻江松蔵・峰・いと」と、やはり同じ時期に描かれたと思われる、六玉川にちなんだシリーズを出している。「六玉川・若松屋内若鶴（野田の玉川）」「六玉川・扇屋内花扇（井手の玉川）」「六玉川・扇屋内やしほ（高野の玉川）」「六玉川・玉屋内花紫（野路の玉川）」「六玉川・丁子屋内雛鶴（調布の玉川）」「六玉川・松葉屋内・瀬やま（三島の玉川）」である。

さらに同じ年に「当時三美人　富本豊ひな、難波屋きた、高しまひさ」および、三人それぞれを一人ずつ描いた「富本豊ひな」「難波屋おきた」「高島おひさ」を出す。富本豊ひなはその名前から分かるように富本節の名取の吉原芸者である。あとの二人は水茶屋の娘だ。

一七九三年（寛政五）から翌年にかけては、「歌撰恋之部」その他の、多くの美人画が刊行されている。これらについては、後に述べる。

まずは一七九二年（寛政四）〜一七九三年の作品について考えてみよう。「婦人相学十躰」「婦女人相十品」（両方で八種のみ現存）は背景に雲母《うんも》の粉末を使った雲母《きら》摺りを施している。そして浮世絵に一般的な立ち姿や歩く姿ではなく、腰から上の「大首絵」になっている。写真で言えば、カメラがずっと寄って行って顔に焦点を当てたフレームである。立ち姿の場合は周囲の環境が分かるように、街や樹木が描き込まれるものだが、大首絵の背景には何もない。そこで雲母摺りによって明るく輝くように演出している。

女性たちはお歯黒のつき具合を確かめる、風呂上がりの手拭いで手をふく、団扇の柄を意味もなく回す、指で何かを数える、ガラスのポッペンを鳴らす（図42）、手紙を目の高さに掲げて読む、湯上がりの暑さの中できせるを吸う、日傘をさし扇であおぎながら歩くなど、何らかの動作をしている。遊女ではなく一般の女性たちなので、名前は記していない。そこから分かるように、「美人画」とは決して遊女の営業用の絵のことではない。「姿見七人化粧」（一種のみ現存）は鏡に向かって化粧する女性で、やはり一般女性の大首絵の一種だ。

大判錦絵「琴棋書画」は文人の嗜みである琴、碁、書、画のテーマで「画」を描いたものだ。衝立に画を描くのは男性で、それを三人の女性が見ている。これは部屋の情景ごと描かれている全身像で、いわゆる美人大首絵ではない。大判錦絵「見立六歌仙」も見立て絵である。これは、高島おひさ、矢場おみや、扇屋花扇、富本豊雛、平野屋おせよ、難波屋おきたを、和歌の六歌仙、大伴黒主、在原業平、小野小町、僧正遍昭、文屋康秀、喜撰法師にそれぞれ見立て、そこに狂歌を入れた狂歌絵だ。これも座り姿であって、大首絵ではない。六歌仙は歌舞伎や舞踊の「世界（基盤となる枠組み）」にもなっており、画題としても一般的で、歌麿は他で「六歌仙」そのものも描いている。

以上は、主に遊女ではない女性たちを描いたものだが、一七九三年（寛政五）に刊行された「若那屋内しら玉」「玉屋内まき絹」「玉屋内若梅」「丁子屋内折はへ」「丁子屋内雛鶴」「扇屋内滝川」「扇屋内花扇」「角玉屋内春日野」は全て吉原の高位の遊女たちであり、六玉川シリーズは花魁に新造や禿を組み合わせて登場させている。俄の男女の芸者たちは無論、吉原芸者たちだ。

蔦屋重三郎は、処分を受けた翌年には編集・刊行方針を変えることによって、版元を続行する。その変化は、花鳥画の狂歌絵本を制作していた歌麿が美人画を短期間に大量に制作したこと、「美人大首絵」という新たな浮世絵を発明したことに表れている。また一方で、山東京伝が洒落本の筆を折り、蔦屋耕書堂から、お伽噺を基本にした赤本を刊行し始めたことにも、方針転換が表れている。

女性たちはどう描かれたか

ところでなぜ美人画なのだろうか？　そもそも「美人画」とは何であろうか？

人物画は女性を描いたとは限らない。しかし縄文の土偶が身籠《みごも》る女性を象《かたど》っていることから見て、死と生を表現する際に、女性を象徴とすることが必須だったであろうことは推測できる。しかし仏教の時代も物語の時代も女性だけを取り上げることはなく、絵巻であろうと屏風であろうと、老若男女描かれており、仏教説話などはむしろ女性が出現しないことも多かった。仏像は男性もしくは性別を問わない姿であり、仏教では女性が排除されることも往々にしてあった。

『源氏物語絵巻』や三十六歌仙図や寺社の縁起絵巻など、静かに座る女性たちは女性像としてなじみ深い。長い豊かな髪と幾重にも重なる布の中に顔を埋めた女性たちは、平安貴族の姿として多くの人の記憶に刻まれている。そのような像は「しとやか」「優雅」「やまとなでしこ」と表現される日本の女性イメージ作りに一役かっていた。

しかし実は、日本の絵画や版画の中には、じっとしていない女たちの方がはるかに多いのである。室町時代以降に出てくる遊楽図や歌舞伎図や祭礼屛風に登場する女性たちは、平安貴族にとっては下着であった小袖を、上着としてまとっている。顔を堂々と出しそろいの装束で大きな輪になって踊り、時には一人二人で体を大きく傾け、裾や髪を激しくゆらしながら踊る。江戸初期に描かれた遊楽図や歌舞伎図からは、彼女たちが踊るその熱気、三味線や太鼓や笛の音、歓声、喧噪が聞こえてきそうだ。

だがこの「静」と「動」は時代の違い、とは言えない。なぜなら一二世紀後半に作られた絵巻には、後の女性像を彷彿とさせる「動く女たち」が描かれているからである。『信貴山縁起《しぎさんえんぎ》絵巻』では、米倉が動き出して飛んで行く場面で、女たちが大きく口や目を開け驚愕の表情で走り出す。太った女、やせこけた女、みじめな表情、興奮した表情等々がじつに生き生きと描かれている。米俵が飛んでくる場面では、台所で調理する女たちがぎょっとした表情で思わず手を止めている。そこでは働く女たちの日常の様子がうかがえると同時に、人目を気にしていられない緊急事態の女たちのふるまいが、「私たちとまったく同じ」であることがわかる。その他にも、糸紡ぎをする女、子供に乳をやる女、年老いた女たちの日常がはっきりと描かれている。『伴大納言絵詞《ばんだいなごんえことば》』では、喧嘩する子供同士を引き離す場面で、出納《すいとう》の妻が後ろを振り返ってにらみつけながら、大股で子供をぐいぐい引っ張ってゆくシーンが見られる。

これらは『源氏物語絵巻』のような「つくり物語絵巻」に対して「説話絵巻」と呼ばれる。女性像の違いは話の内容の違いからくるものだが、それと同時に登場人物が庶民に及んでいるからである。庶民の女性は労働、子育てという日常を通してじつに生き生きとリアルに描かれていたのである。

古代・中世の庶民の女性たちは、炊事の基本である水くみを初めとして、米つき（精米）、麻・木綿・天蚕の糸紡ぎ、染色、機織り、囲炉裏・かまど・灯火などの火の管理、庭の菜園での野菜作り、麻畑・桑畑の管理、果実や植物の採集、田畑で働く男性たちの弁当の供給、田植え、田の草取りなどの労働が、その日常だった。もちろんそこに出産と育児が加わる。

しかしこれらは一人の女性がすべてをおこなうわけではなく、個々の家で仕事の範囲は異なり、家族内でも分担する。中世の領主たちは「女房」「美女」「端者《はしたもの》」「下女」の順で上下関係を成す「女房の組織」を持っていて、階層や雇用目的によって仕事が分担されていた。「女房の組織」とは雇用された女性たちの組織のことである。近代と違って、中世でも江戸時代でもほとんどの女性たちが他家で働き、あるいは商人や職人となり、あるいは家庭の中にいる場合でも、手工業の担い手であった。

『七十一番職人歌合絵巻』には、機織り、紺掻《こうか》き（染め物業）、帯売り、縫物師、組（組紐）師、白布売り、綿売りの女性たちが描かれている。『和国諸職絵尽』にも機織り、紺掻き、扇売りの女性たちが描かれている。「売り」というのは単に売っているだけではなく、自ら作っているのだ。家庭の中で糸紡ぎ、機織りなどをして、それを市場に売りに行き現金化するのは女性の仕事であった。働かずにいられたのは貴族や武家のごく一部の女性たちだけで、ほとんどの女性が家事以外でも働いたのである。

働く女性たちは様々な理由で外出した。僧侶の講話に聞き入り、念仏も唱え、祭にも参加し、芝居も見に行き、花見にも行く。江戸時代になるとそこに長期の旅行が加わった。こうして、絵巻の中に生き始めた女性たちは江戸時代になるとさらに屛風、絵本、浮世絵とジャンルが広がるに従って、その中の主要な登場人物になっていく。

古代の絵巻の中の女性たちから江戸時代の遊楽図の女性たちへの変化は突然の変化ではなく、庶民の姿が描かれてきた歴史の中で、当然出現する違いだったのである。それは非常に早くから庶民が描かれてきた、という日本の絵画史の特徴を示している。

江戸時代になると、女性の職業はさらに広がった。『百人女郎品定』には、農業や手工業だけでなく、女祐筆《ゆうひつ》（書記）、舞子、商人の妻や娘（そろばんをはじき帳簿をつけている）、各種の傾城、茶屋女、産婆、巫女などが描かれている。遊女や芸人は古代から存在したが、江戸時代では、彼女らが他の働く女性たちと並べられるようになった。都市の中にきっちりと位置づけられ（つまり管理され）た、ということである。阿国《おくに》歌舞伎図や遊女歌舞伎図、曲芸図、舞図、遊女図などは、それまでにはなかった女性像だと言えるだろう。彼女たちは花見や祭で踊る庶民ではなく、都市に定住したプロフェッショナルの芸人たちであった。

歌舞伎と遊廓はその発生において同根で、遊女は芸人であり、歌舞伎の最初の作り手である。遊女歌舞伎は消滅するが、遊女は遊廓という小都市の中で、前代未聞の場を作ることになる。多くの文学や浮世絵が遊女を理想の女として描き、浮世絵はそれによって磨かれていった。遊女と役者を描くことで成立した浮世絵市場は、やがて江戸時代の中期になると、水茶屋の娘や商店の妻、芸者、富本節の師匠、洗濯や子育てをするふつうの女性たちに主題を広げることになる。そこからがまた、女性像にとっての新しい展開である。こうして浮世絵師は「美人画」というジャンルを作り上げた。

浮世絵は様式的に描かれることもあるが、その反対に実にリアルに描かれることもある。葛飾北斎の『北斎漫画』の中にはさらに大量の女性たちが、あらゆる角度から描かれている。それらは暖かくいとおしくおかしい。そのおかしさと生き生きとした表情は、絵巻の時代からあまり変わっていないのかも知れない。ともかくユーモアにあふれたこれら日本の絵画は、ただ美しい、と鑑賞するだけの対象ではない。そこには子育てをしたり働いたり怒ったり笑ったり疲れたり嬉しかったり悲しかったりする、生身の女たちがいた。

このように女性を描いた絵の全体を見てくると、喜多川歌麿の美人画は、その歴史のごくわずかな一ページに過ぎないことが分かる。注目すべきなのは、歌麿が後に、見事に生き生きとした、生命力あふれる子供のいる美人画を、大量に制作したことだろう。結果として浮世絵は、当時の母親と子供がどのような関係を作っていたのか、明瞭に教えてくれるジャンルとなった。膨大にある浮世絵の母子画は現在、日本の精神分析学の研究資料となっている。

美人大首絵の目的

しかし歴史上はごくわずかな一ページであったとしても、注意しておかねばならない側面がある。それは、一七九二年（寛政四）から制作された美人大首絵の「目的」である。

蔦屋耕書堂は窮地に陥っていた。そこから脱却して新たな販路を作り出すためには、二つの戦略を考えた可能性がある。一つは、この時代に顧客が求めていたものを大量に作り出すことである。もう一つは、その豪華な摺りを実現するために、制作費を出すスポンサーをつかむことである。遊女以外の女性たちも絵の対象となった、と書いたが、最初の「婦人相学十躰」「婦女人相十品」「姿見七人化粧」から後は、遊女以外の女性は水茶屋の女性と矢場の女性である。水茶屋は茶と菓子を出すいわば喫茶店で、矢場は楊弓で遊ばせる場所である。どちらも、

図43 鈴木春信「団子を持つ笠森おせん」

客の応対は女性がおこなう。

谷中笠森稲荷門前の水茶屋・鍵屋の娘で、店で働いていた「おせん」は、一七六八年（明和五）に鈴木春信が浮世絵にしたことで水茶屋界のスターになった（図43）。大田南畝も漢文による戯文で取り上げた。磨かずして美しく、櫛やこうがいでお洒落をするわけでもなく、化粧もせずに美しい。そういう人だったらしい。南畝は浅草奥山の楊枝屋・柳家のお藤とその美しさを比べている。浅草寺二十軒茶屋の中にある水茶屋・蔦屋の「およし」という女性も有名で、この三人は明和の三美人と言われた。無論こういう「〜美人」などというキャッチフレーズはコマーシャリズムの一環である。江戸時代には現代のマスコミと同じような傾向が始まっていた。その傾向とは、人間の全体から一部のみ（女性であることとその容姿）を切り取り、わかりやすくまとめて商売に繋げることである。それで客を集めたいのは遊廓だけではなく水茶屋も矢場も同じだった。

「人権」とは性別にかかわりなく、人の全体を受け止めることを前提とするから、部分的切り取りや切り貼りは人権侵害に当たる。しかしこれは、人権概念がなかった江戸時代の人々には思い至らない。そう考えると、現代社会でも江戸時代同様の切り取りや切り貼りをして稼ぐ人々がたくさんいることに、むしろ驚く。

こうして有名な浮世絵師が描く茶屋の娘は当然評判となり、客が列を成すだろう。つまり水茶屋や矢場の女性は、評判になれば客を呼ぶことができるという点で、遊女と同じなのである。そこで遊女の大首絵は妓楼から、水茶屋や矢場の娘たちの大首絵は店から、制作費が渡される可能性は大いにある。制作費が支援されれば優れた下絵師、彫師、摺師に十分な仕事賃を払って、仕事を依頼することができる。豪華な浮世絵を刊行すれば、多くの人が買ってくれる。

美人像の変遷

蔦屋重三郎は資金が半減してもさほど困る状況ではなかったかもしれないが、しかし長い期間にわたって優れた作品を出し続けるには、資金は必要だ。しかも蔦屋はこの頃、曲亭馬琴を番頭として雇っている。まもなく十返舎一九も寄宿して、和紙に膠《にかわ》や明礬《みょうばん》を塗る「どうさ引き」の仕事をするようになるが、おそらくそれ以外にも何人かが身を寄せていただろう。美人画は商品として確実に売れるだけでなく、資金提供者が見込まれる分野だったに違いないのだ。

異なる観点からも、見なくてはならない。写真がない時代にあって、浮世絵に描かれた遊女の姿は、人々に何を与えただろう。単なる憧れだけではない。実際に妓楼に上がって遊女を揚げる動機になるのである。つまり美人画の存在は、遊女の「商品」としての側面をあらわにする。周知のように吉原の太夫（花魁）は琴、三味線、和歌、俳諧、香道、茶の湯、生け花、漢詩文、書、文章、碁、双六などに優れた人たちで、座敷では客より上座に座る。いったん馴染みになれば、客の方の浮気は許されなくなる。そういう特別な女性たちではあるが、内実は借金の返済に日々追われている。彼女たちは自ら望んで遊廓にいるのではなく、家族の借金を返すために遊廓に閉じ込められている。自由な行動は許されず、年齢とともに価値が落ちていく。病気にもなる。妊娠すれば寮に退避して堕す。ほとんどの遊女は借金を肩代わりしてくれる客が現れる、という幸運には恵まれず、先が見えない。

歌麿の美人大首絵は、水茶屋や矢場、そして妓楼に客たちを誘う大きな力を発揮するだろうが、彼女たち一人一人の過酷な人生を感じさせるものではない。むしろ、そうあってはならない。その苦悩を一片も感じさせないだけの「美」が、見せかけられねばならない。このように、遊女たちは現在の言葉で言えば「構造的差別」の中に住まう。そのことに喜多川歌麿も蔦屋重三郎も気づいていない。なぜならそれが遊女の「役割」であり、一方自分たちは絵師として、版元として、彼女たちが売れるために尽力をするという「役割」を担っているからである。双方ともが役割を果たすことに尽力している、という意味で平等だ、という感覚に陥る。それは錯覚であるのだが。

実際、美人大首絵の効果は絶大であろう。ちなみに「美人」という言葉は何ら実態を伴わない一種の符号である。「美」は時代によっても民族によっても基準はまちまちで、江戸時代の場合はその基準を浮世絵が作り出すことが多かった。前半ではふっくらとした鷹揚な女性たちが描かれた。そのころの太夫たちは化粧をしない素顔で人前に出た。髪にも、櫛とこうがいを一種ずつ挿す程度で、気持ちのおおらかさと芸の力が評価された。江戸時代中期になって文化の中心が江戸に移ると、鈴木春信の描いた、風で飛んで行きそうな軽さと幼さを帯びた美人像となった（図43）。それが鳥居清長の描くスラリとした長身の貫禄ある女性たちになり、やがて鳥文斎栄之《ちょうぶんさいえいし》の穏やかで優雅な美人像と、歌麿の描く個性のある艶やかな美人像に分かれていく。ただしその顔の描き方は細い目に細い眉、すっきり通った鼻筋に小さな口、という組み合わせで一貫している。顔だけではほとんど違いがわからない。したがって、実際の顔とだいぶ異なることもあったはずだ。

水茶屋に行ってそこの娘の顔を見るのは比較的簡単だが、吉原遊廓に行って目当ての花魁の顔を見るのは並大抵ではない。予約を取って何ヶ月も待ち、大枚を払い、実際に会って浮世絵とずいぶん違うと思うことは多々あったであろう。しかしそのために化粧があり、かんざしがあり、着物があり、振る舞いがあり、座敷がある。遊廓は美を感じさせる演出に、満ち溢れていたはずだ。

これが役割社会の落とし穴であり、今日でも、男の役割、女の役割、というものを信じている人々は、それを内面化することによって、この構造的差別の中に住んでいる。売春は、女性の仕事の種類が格段に増えたにもかかわらず、最も安易に短時間で金が手に入る仕事として今日でも存在し、廓に閉じ込められることがなくなったとは言え、同じように借金を返済する手段になっている。そこでも「美」は役に立つので、整形が頻繁におこなわれるという。美容整形の費用でさらに借金はふくらむ。

近代になって西欧化した途端に、西欧人の女性の美の基準が日本人の基準となり、最近ではそこに漫画とアニメの影響が混在して子供のように目が巨大で「かわいい」顔が美とされるようになった。江戸時代の女性の美と、現在の女性の美は正反対と言ってよいほど異なっている。そして今も、女性は自らの個性ではなく、男性に「売れる」女性の顔や体を自らの美として内面化し、それに「成る」ことを目指して化粧する。

技術が表現になる

さて、以上のような理由から喜多川歌麿と蔦屋重三郎は、まだまだ美人画を大量に作り続ける。しかも、さらにその質は高くなる。一七九三年（寛政五）から翌年にかけて制作されたと思われる白雲母摺りの大判浮世絵「扇屋内花扇」（図44）「玉屋内若梅」「扇屋内蓬莱仙《みやひと》」三作の大首絵がある。その品格と存在感は、他の浮世絵を圧倒する。大首絵はこのために作られたのだ、ということが納得できる作品だ。まさにこのような存在こそ、人々が吉原の花魁に求めたものであることがわかる。無論、それが実際であったのか、その背後にあるこの三人の「人間としての」苦悩や生涯を、想像しようとした人はいたのか、と問うならば、それは不可能であったろう。重三郎も歌麿も、描いて人々に手渡そうとしたものは、人々が「求める」花魁像であって、彼女たちの実像ではなかった。むしろここから見えるのは、「聖なる」存在として神聖化された遊女たちである。

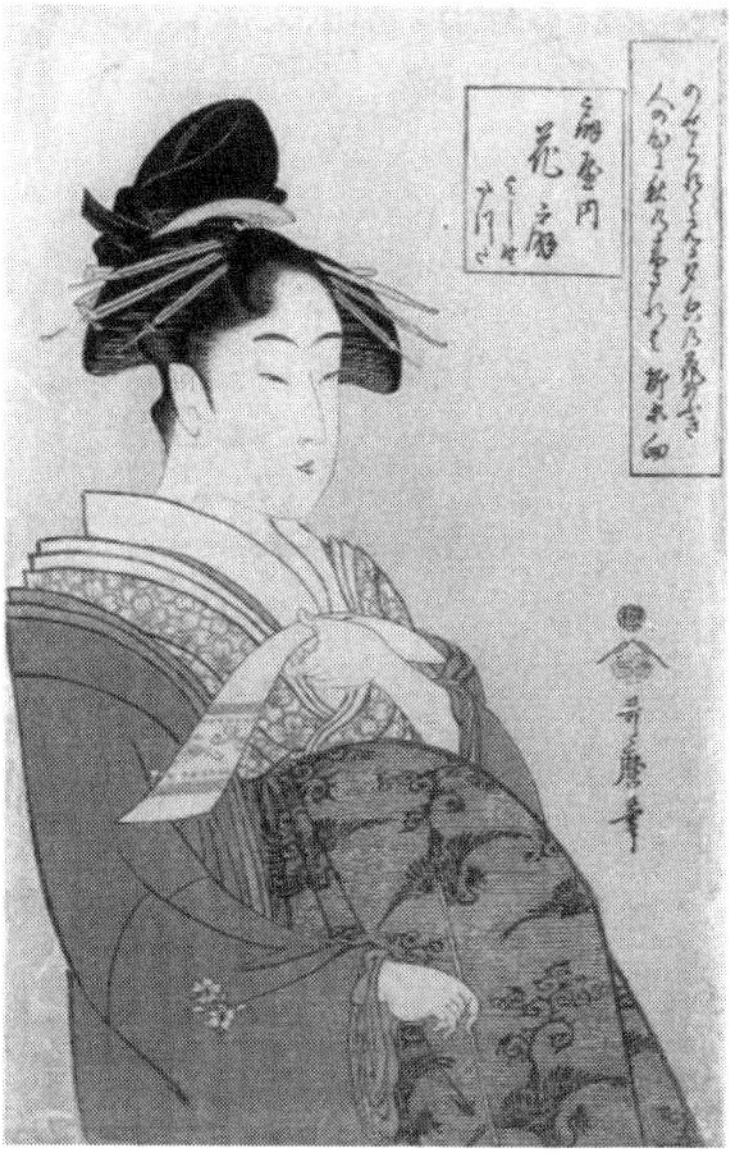

図44「扇屋内花扇」

同じ頃に制作された「当世踊子

図45「歌撰恋之部」より「あらはるる恋」

揃」は、鷺娘、吉原雀、道成寺、石橋などを舞う芸者たちの大首絵だ。やはり白雲母摺りの大判浮世絵で、こちらは華やかで愛嬌に満ち、その背後に長唄が聞こえてくるような、舞台姿の一瞬である。

やはり同時期に描かれた「歌撰恋之部」の五枚「物思恋」「深く忍恋」「夜毎ニ逢恋」「あらはるる恋」（図45）「稀に逢恋」は紅雲母摺りの大判浮世絵で、花魁たちの大首絵より一段と柔らかく描かれている。こちらは品格ではなく、題名に従って、一人一人のまなざしから感情がこちらに強く伝わってくる。顔の輪郭、結った髷の透け具合、ほつれの微妙、手の表情、どれをとっても完璧に見える。いずれも遊女ではない。つまり、資金の提供者がいないシリーズとして、歌麿が自由に自らの表現を達成したのではないかと思われる。

次に蔦屋が刊行したのが、一七九四年（寛政六）頃にできたと思われる「青楼十二時《じゅうにとき》」である。子の刻（夜中の零時）から始まって二時間ごとの吉原遊廓の遊女の姿を、大首絵ではなく立ち姿、座り姿、寝姿で描いたものだ。隅に時計を配置し、何時かがわかるようになっている面白いシリーズで、特定の妓楼からの注文であるより、歌麿が重三郎と共に演出した「吉原の一日」の案内だったのだろう。多くの人の関心を呼んだに違いない。なぜなら、客の前では見せない楽屋内の遊女の姿や顔がそこにあり、花魁の部屋にあがり込んで観察しているような気持ちにさせるからである。

丑の刻（午前二時）の絵では、遊女が起き上がって懐紙と紙燭（簡単な明かり）を持って上草履を履こうとするが、うまくいかずに片方しか履けないでいる（図46）。夜中に傍輩とくつろぐ姿も、昼間に八卦見に占ってもらっている姿も、洒落本を読んでいればおおかたわかっているとは言え、目の前で展開していることが、面白いのだ。

同じ時期に実験されたさらなる工夫は「霞織娘雛形」である。「夏衣装」（図47）「蚊帳」「簾」の三点だが、いずれも「透ける」素材だ。黒の絽の着物で隔てられた向こう側の女性とこちら側の女性、薄緑の蚊帳で隔てられた向こう側の女性とこちら側の女性、薄い簾で隔てられた向こう側の女性とこちら側の女性。この違いを彫りと摺りでどう表現できるか、実験して

図 46「青楼十二時」より
「丑の刻」

図 47「霞織娘雛形」より
「夏衣装」

いるかのような作品だ。三種類の繊維の織り方と色がそれぞれ異なる。これを見ると、蔦屋重三郎と喜多川歌麿は、単に売れる浮世絵を作っていたのではなく、相談しながら新しい実験を重ねていったのではないか、と思える。新たな「技術」こそ、新たな「表現」を生み出す。そのことへの確信であった。二人の中では、表現のために技術があるのではなく、技術が表現になるのである。

Ⅷ　芝居と役者を編集する

蔦屋重三郎が残した江戸文化は、吉原文化、天明狂歌、山東京伝の洒落本と黄表紙、喜多川歌麿の浮世絵、そして東洲斎写楽の浮世絵である。

さらにそれらが基盤になって、蔦屋重三郎を頼った北斎、十返舎一九、曲亭馬琴が活躍した。北斎を見ながら広重が育った。山東京伝の洒落本が開発したドキュメンタリーの方法は、十返舎一九や式亭三馬の作品や後の落語に継承された。山東京伝の合巻や読本は、馬琴の読本と北斎の挿絵に継承された。喜多川歌麿の浮世絵は、鳥文斎栄之《ちょうぶんさいえいし》の大首絵や北斎や広重の浮世絵風景画および、写楽の大首絵に継承された。

その中で写楽の浮世絵は別様のものだった。

東洲斎写楽（一七六三〜一八二〇？）の作品制作は一七九四年（寛政六）から一七九五年（寛政七）のなかの一〇ヶ月間のみであった。素材はその時期の芝居と相撲に集中しているので、見ながらスケッチしたと思われる。写楽の浮世絵はすべて、蔦屋耕書堂から出版されている。

図48「三代大谷鬼次の奴江戸兵衛」

写楽の役者絵にははっきりした特徴がある。それはまず、歌麿のように繊細で詳細でリアルなプロフェッショナルの絵ではなく、おおざっぱで乱暴なアマチュアの絵であることだ。

しかし、それでこそ緊迫感がある。その演目を舞台で見た人なら、写楽の絵によってその瞬間の登場人物の心境をすぐに思い出すであろうし、見ていないのなら、登場人物の感情の高まりをすぐに理解できる。従来のように役者絵を美しい静止画として描くのではなく、顔と手の表情の中に「ドラマ性」が充満する劇的な瞬間として描いている。今にも動き出しそうだ。よく知られた「奴《やっこ》江戸兵衛」は、『恋女房染分手綱《こいにょうぼうそめわけたづな》』の一場面で、主人公与作の忠僕で善人の奴一平から、江戸兵衛が金を奪おうとする瞬間だ（図48）。

写楽は、現実社会では、阿波藩・蜂須賀家の能役者、斎藤十郎兵衛であると言われている。写楽の作画期、斎藤十郎兵衛は三十一、二歳であった。写楽については、突如現れて一〇ヶ月で消えたことから、「誰だ？」という好奇心を呼び、諸説が展開した。しかしこの「作者が誰かわからないと落ち着かない」という心理は、江戸時代にはなかった。現実の身分社会を生きる者たちが、別世《べつよ》に生きる別の自分をもっていることは、当たり前のことだったからだ。分かっていてもあえて言わない。分からなくとも気にしない。

北斎は蔦屋重三郎に見放された

東洲斎写楽の役者絵が出現するまでの蔦屋重三郎の動きについては、松本寛『蔦屋重三郎江戸芸術の演出者』（二〇〇二年、講談社）がスリリングに書いている。一七九一年（寛政三）ごろから、和泉屋市兵衛、榎本屋吉兵衛、西村屋与八などの版元が、伊勢屋次助の専属状態だった歌川豊国の争奪戦に乗り出す。一方で、やはり役者絵を作りたかった蔦屋重三郎は、勝川春朗、のちの葛飾北斎に接近し、山東京伝の黄表紙の挿絵を依頼し、さらに役者絵も依頼したのだという。

それが、一七九二年（寛政四）に刊行される山東京伝の『桃太郎発端話説《ばなし》』である。よくできた面白い黄表紙だが、これは手鎖の刑を受けた後の山東京伝が、洒落本の筆を折るとともに、黄表紙をそれ以前にあった赤本黒本時代の物語に変えた、方向転換の記念碑のような作品であった。まさにそこに、北斎（勝川春朗）が出現したのである。タイミングが良い。

図49 葛飾北斎「三代坂田半五郎の旅の僧 実は鎮西八郎為朝」（右）と「市川鰕蔵の山賊 実は文覚上人」（左）

　蔦屋重三郎は黄表紙だけではなく、その前から勝川春朗に役者絵を注文している。一七九〇年（寛政二）に市村座の「おんうれしく存曾我」の市川団十郎、一七九一年（寛政三）に中村座の「団三郎女ほう十六夜」の中山富三郎、およそ同じ頃だと思われるが、「三代市川高麗蔵の白井権八」と「四代松本幸四郎の幡随院長兵衛」が対峙する芝居絵も描いている。さらに「市川鰕蔵《えびぞう》の山賊実は文覚上人」と「三代坂田半五郎の旅の僧実は鎮西八郎為朝」が鳥羽恋塚で対峙するシーンも描いている（図49）。

　しかしこれら役者絵は、その後の注文が続くことはなかった。現代においても、北斎の役者絵は全く相手にされていない。確かに、型にはまっていていてつまらない。蔦屋重三郎の考えも同じだったのだろう。

北斎は当時、版元に便利に使われてはいても、とても引っ張りだこ、とは言えない絵師だった。その膨大な作品量と、長い絵師としての生活への集中を考えると、北斎は天才型の絵師なのではなく、常に研究しながら新しい工夫を重ね、目標を持って次のステップに躍り上がっていく、大変な努力家だったのだ、と確信できる。

とにかくこの時、北斎は蔦屋重三郎に見放された。

困ったのは、そこそこ仕事のある北斎の方ではなく、重三郎の方だった。経営を立て直すためにゆっくり育てている時間はなかったのだろう。松木寛氏は、重三郎が同じ勝川派の勝川春英に依頼した三人の役者大首絵の組み合わせ「三世市川高麗蔵、三世坂田半五郎、中山富三郎」を紹介している。この中の中山富三郎の「誇張的な顔貌表現」が「写楽に連なる新要素をそこに含んでいる」ことに注目した。しかしながら「伝統的役者絵の型を打破するところまでは手がとどいていない」と述べたのは、その通りである。北斎でさえ、「伝統的な型」にとらわれていたのだから。

このことは、浮世絵業界の繁盛と大展開を意味している。写楽がなぜ出現したのか、なぜ通常の浮世絵師とは「別様」だったのかを述べるために、ここで浮世絵の歴史を振り返っておきたい。

アニメの起源「絵巻物」

日本では絵画がふすまや屛風や掛け軸など、インテリアを目的にしたものと、鑑賞を目的にした巻物に描かれてきた。貴族や幕府が抱えた絵師たちがいるのは当然だが、それ以外の絵師たちももちろんいた。たとえば『鳥獣戯画』は、確証はないが今のところ、密教図像の収集、書写をおこなっていた平安時代の高僧、鳥羽僧上覚猷《かくゆう》とされている。それ以外にも絵を描く僧侶たちがいた。彼らはそれを生活の糧にしているわけではなかった。

浮世絵以前の日本のメディアの代表格は、絵巻であったろう。絵巻は、物語や説話、神社・寺の縁起（始まりの物語）を絵に表し、詞をつけ、紙を長くつないでいく。「絵巻」「絵巻物」という名は、もうほとんど作られなくなった江戸時代に一般化したものである。実際に絵巻が作られ、使われていた古代・中世においては、「〜絵」と呼ばれていた。また絵巻についている詞書《ことばがき》は、「絵詞《えことば》」と呼んでいた。まさに絵というジャンルの代表だったのである。巻物形式の絵画は中国から伝わった。中国ではそれを「画巻」と呼ぶ。

日本では大量の絵巻が作られ、そのなかに人々の生活や衣装、建築、調度、道具類を細かく描き出したのである。したがって史料的価値も高い。記録にのこる絵巻は四〇〇種以上にのぼり、現存するものは百数十種、約六〇〇巻である。物語絵巻などは名家に代々所蔵され、宗教的な絵巻は社寺に奉納されて残った。

絵巻は数枚あるいは十数枚の紙を横に継ぎ合わせて作られる。継ぎ合わせ方が編集方法そのものであり、詞書（本文）と絵が交互に繰り返される。縦が三〇センチ前後だが、五〇センチ以上のものもある。長さは一〇メートル前後が多い。一巻本から二、三巻本、二〇巻、四八巻などの大部のものまである。絵巻は、まず右手に持って左手で開き、両手で自然な間隔に保ち、右手で巻きながら繰り広げ、次々にあらわれる詞書を読み、絵を眺める。絵は右から左に移動することになる。よくみられる構図法としては、屋根や天井を取り去って室内を俯瞰するいわゆる「吹抜屋台」がある。この俯瞰方法はのちに江戸の絵本類にも受け継がれる。

同一画面上に四季の変化や次々と変化する事象を円環的に描く「異時同図法」という発明もなされた。その代表は『伴大納言絵詞《ばんだいなごんえことば》』である。これは、八六六年（貞観八）、応天門に放火してその罪を左大臣・源信《みなもとのまこと》に負わせようとした大納言・伴善男《とものよしお》の陰謀が露顕し、逆に伴大納言が失脚するという史実を描いた歴史説話絵巻の代表作である。大火災となった応天門に駆けつける検非違使や群衆の流れるような動き、子どものけんかから真相が暴露されていく過程を「異時同図法」で描き出したその手法、貴賤さまざまな登場人物の姿や表情の、今まさに目の前にいるかのような生き生きとした動きなど、後世に与えた影響は計り知れない。アニメーション監督の故高畑勲は、『伴大納言絵詞』『鳥獣戯画絵巻』その他の絵巻の表現が、アニメーションにつながるものとして、注目し続けていた。

日本の絵巻の最古のものは『絵因果経』という経文である。八世紀後半ころ、写経所の画師によって書写されたという。中国からは仏教的なもののほかに、各種の典籍や実用的な書物、文学作品に絵を加えた画巻も多く輸入され、その結果、九世紀末には本文を和文化した絵巻がつくられた。一〇世紀以後はそれらを母胎として日本独特の物語と絵を備えた絵巻が制作されはじめた。鑑賞者は主に貴族であった。経典以外は印刷物がほとんど無い時代である。種類は多いが、同じものの数は限られている。高価であったろうし、貴族の間でも回し読みされたであろう。

絵巻の種類は「つくり物語絵巻」「説話絵巻」「日記絵巻」「年中行事絵巻」などがあった。女房たちに愛好された「つくり物語絵巻」の系統から、一二世紀前半に『源氏物語絵巻』が生み出された。当時、物語は同じ家屋の中で誰かが声を出して読み、それを聞く、ということがおこなわれていた。耳から入ってきた物語や言葉の音を、絵巻は画像にして、シーンとしてかたちにする。すると今度は、そのシーンが物語の核心となり、記憶されていく。このような創造方法は次の時代には、扇や本のかたちになった。日本の本がほかの東アジアに比べ、絵に極めて重い役割を託すようになったのは、この絵巻の展開があったからだと思われる。

仏教説話やその他の説話は『信貴山縁起絵巻《しぎさんえんぎ》』や『伴大納言絵詞』として一二世紀後半に作られた。『華厳五十五所絵巻』のような経典の絵解き、六道輪廻思想に基づく『地獄草紙』『餓鬼草紙』さらに『病草紙』のような一群の作品も、末法思想を背景に制作された。一二世紀は、絵巻の黄金時代だった。鎌倉時代の絵巻は受容者の層が拡大し、内容と様式が多彩になった。「つくり物語絵巻」には、『源氏物語絵巻』以外にも、『紫式部日記絵巻』や『伊勢物語絵巻』や『枕草子絵巻』がある。物語が言葉だけでなくシーンとして視覚から入り、視覚によって受け渡されていった経緯がわかる。それが江戸時代の視覚文化を用意したのである。和歌も『三十六歌仙絵巻』として流布したからこそ、それが連句の歌仙となり、後の百人一首となり、狂歌のパロディを準備したのだった。

武士の戦記絵巻である『平治物語絵巻』『後三年合戦絵巻』『蒙古襲来絵詞』に見える、多くの人々を動的に華やかに配置した表現は、語り物や能や歌舞伎に影響を与えただけでなく、扇絵にも多大な影響を与えた。仏教の布教絵巻のなかで、仏寺・神社の縁起絵巻である『北野天神縁起』『春日権現験記』『粉河寺縁起』『石山寺縁起』『当麻《たいま》曼荼羅縁起』『道成寺縁起』などは、それぞれの寺で僧が縁起を語る時に使われた。『道成寺』はそのようなメディアを通して能や歌舞伎舞踊に展開したのである。『弘法大師絵伝』『一遍上人絵伝』『法然上人絵伝』『親鸞上人絵伝』などが布教と信心に果たした役割は多大なものがあったろう。

『福富草紙絵巻』は、絵と詞書が交互に張り付けられていた方法とは異なり、絵の中に直接、文字を入れた。これが江戸時代に展開する絵本の方法となり、浮世絵にも入り、やがて大人も読む黄表紙の方法になる。

浮世絵の起源「屏風」

しかしいわゆる「浮世絵」のきっかけになったのは、屏風だと言われている。屏風は中国を起原とする風よけおよび間仕切りの家具で、漢代では木骨に絹などを張って作った。日本の貴族社会では、几帳《きちょう》とともに日常生活に欠かせない道具であり、几帳が布で作られプライベートな空間に使用されたのに比べ、屏風には故事、賢人、神仙、山水などをテーマにした絵画が描かれ、宴席で使われた。木枠に紙や布を張ったものを一扇とし、これを二扇、四扇、六扇、八扇、一〇扇とつなぎ合わせていくのである。そして、それらを折り畳めるよう作られている。「六曲一双」は、六扇の屏風が二つで一組になっているものを言い、これが基準であった。記録としては『日本書紀』天武天皇・朱鳥元年（六八六）の条の新羅から献上されたという記事がもっとも古い。後に蝶番《ちょうつがい》が発明され、拡げれば大きな一画面を作れるようになった。これが今日につながる日本式屏風である。室町時代になると、明、朝鮮、スペイン、ポルトガルなどへも盛んに輸出された。ビョンボ biombo と言い、ポルトガル語として定着している。

この屛風に、「洛中洛外図」つまり京都の都市図が描かれたのである。一六世紀のことだ。都市図であるから、街の様子、人物、商いなどが表現され、まさに浮世の絵そのものだ。「洛中洛外図」は、現時点で室町時代から江戸時代に描かれた約二〇〇点の作品が確認されている。その後「江戸図」も描かれた。さらに花見の享楽を描いた『花下遊楽図屛風』や、祭りの熱狂を描いた『豊国祭礼図屛風』、職人たちの仕事を描いた『職人尽図屛風』、そしてスペイン人やポルトガル人を描いた『南蛮屛風』など、屛風絵も絵巻に勝るとも劣らない展開をする。

江戸時代になって絵師が狩野派などの御用絵師から町人の絵師に移ると、三味線や踊りなど芸能に堪能な初期の遊女たちを描いた各種の遊楽図、歌舞伎図、邸内図（宴会図）が出るようになる。やがて女性一人の立姿を一枚の絵として描き、その後、摺りの版画として売り出すようになり、メディアは一気に、屛風から一枚絵、そして印刷物に移るのである。

日本が発明した「扇」

浮世絵につながるもうひとつのメディアが扇だ。扇ははじめ涼をとるためのものであったが、のちには儀式にも用いられた。団扇からヒノキの薄片をつづり合わせた檜扇ができ、その後に紙扇ができた。紙扇は平安時代に発達し、これが檜扇とともに中国に渡り、さらに中国からヨーロッパにひろまっていった。つまり、扇は日本の発明なのである。

平安時代から扇は絵画と筆の表現メディアになる。名手の筆跡や絵を描いたものが作られたのだ。室町時代からは骨が紙の中にはいった現在の扇の形式ができ、江戸時代には民間にも普及して、「扇売」や「地紙売《じがみうり》」という行商人が出現する。「地紙売」は江戸時代では美男子の仕事とされ、浮世絵や黄表紙にも扇の行商人が描かれるようになる。

扇は江戸時代初期の俵屋宗達によって、庶民が手にする芸術品かつ、物語を伝えるメディアになった。屛風絵で知られるようになった宗達の風神雷神図のうち雷神図は、扇にも描かれている。田舎の風景や、『伊勢物語』のシーンや、戦記物語の一シーンなど、小さな扇面に、言葉から想像した物語のシーンを視覚化するその編集技法は、絵巻物の時代から日本絵師が培ってきたものであった。俵屋宗達は扇面画の工房の主宰者で、俵屋の扇は著名なブランドとなる。

扇のもとであった団扇は、扇の普及とともに姿を見せなくなったが、江戸時代に竹細工と紙の技術が発達すると、祭や盆踊に祭うちわ、踊うちわが広がり、とくに横長のスクリーンのような形状の江戸団扇の業者は、売れっ子の浮世絵師を抱え、団扇を一大メディアに育て上げたのである。歌川豊国、歌川国芳、歌川広重は日本橋の団扇屋「伊場仙」で活躍し、とくに豊国は、表と裏を一枚のシーンでつなげた、団扇にしかできないシーン構成で、傑作を残している。

連なって浮世絵となる

日本の絵画類はこのように、インテリアから日常の工芸品や道具など、さまざまなメディアになって受け渡されてきた。とりわけ膨大に残っている絵巻物はさまざまな展開を遂げ、浮世絵や本の出現に大きな役割を果たしたのである。

浮世絵はいくつもの側面で、連なりが生み出した文化だった。まず一つめには、絵巻、屛風、襖絵、掛け軸、扇絵、団扇絵、音曲、舞踊、遊廓、歌舞伎。それらのメディアがすべて集結して出現した。もちろん歌舞伎の出現にも、そこに集結した能や狂言や語り物や三味線があった。他のメディアや新領域の出現も、そうであった。こうして、単独の何かから次のものが生まれるのではなく、蒔かれた多くの種からその要素が混合して新しい技術や文化が生まれるのである。

二つめには、浮世絵はその変化と展開の節目に、技術の集結がかかわった。紙の技術と生産量の向上、そして印刷技術である。浮世絵はそういうものが出そろった江戸時代でなければ現れなかったのである。江戸時代には、日本史上、いや当時の世界のなかでも、もっともすぐれたカラー印刷技術が生まれたのだ。もともと浮世絵はモノクロ印刷物として普及した。本の場合はもちろんのこと、一枚絵の場合も輪郭のみを印刷した。しかしそこに少しずつ色がつくようになっていく。その技術の出現には、連が深くかかわっていた。その経緯についてはすでに第Ⅱ章「世界が彩られた――蔦屋重三郎の生まれ育った時代」で書いた。

三つめには、出版システムである。印刷技術だけであるなら、それは一部の人々のための芸術となり、一般社会や世界中に広まることはなかった。しかし江戸時代は版元という出版社が生まれ、印刷技術とあいまって、大きな資金が動く市場を形成したのである。次第に浮世絵は質の向上だけでなく多くの量が販売されるようになり、それはさまざまなかたちで海外に流れていった。すでに述べたように、江戸時代の版元とくに「地本問屋《じほんといや》」と呼ばれた浮世絵や絵本など娯楽用の刊行物を扱う版元の経営者たちは、狂歌連などの中に積極的に狂名をもって入り、当時の文化を担う人々の創造を支え、それを資源とした。蔦屋重三郎、鶴屋喜右衛門、鱗形屋孫兵衛、和泉屋市兵衛、村田屋次郎兵衛、西村屋与八などが代表的な地本問屋だが、その中で蔦屋重三郎は「蔦唐丸」として、連のなかで知られた存在であった。

アマチュアの登場

浮世絵に至るまでの日本の長いヴィジュアル文化の歴史は、江戸時代に入って絵の多くが印刷物となり、それらが大量に商品として売られるようになると、悠長に好きなものを描いているわけにもいかなくなり、工房による徒弟制度になっていく。そこに菱川派、鳥居派、懐月堂派、宮川派、北尾派、勝川派、鳥文斎派、歌川派などができてきて、浮世絵師になりたい人々は幼い頃から弟子入りをして、黄表紙の挿絵や富本正本《とみもとしょうほん》の表紙などを担当させてもらいながら、やがて自分の名前で一枚絵や錦絵版本などを出すようになる。版元も当然、その頃の売れっ子絵師にアプローチするが、叶わなければ弟子筋に頼む。そうこうしているあいだに、絵師たちは「型」を習得する。

その型で通用すれば良いが、蔦屋重三郎のように、型を嫌う版元が出てくると厄介だ。そういう版元は自分の中に、ある種のイメージがある。しかし自分で描くことはできない。言葉で伝えるのか、技術の開発で方向づけていくのか、蔦屋重三郎が実際にどうしたのかは、わからない。たとえば喜多川歌麿は鳥山石燕の弟子であり、石燕には多くの弟子がいたが、明確な型があるわけではなかった。しかし通常のルートに沿って黄表紙の挿絵や富本正本の表紙から始まって、重三郎とともに狂歌絵本を手がけた。

しかし、写楽は違った。誰にも師事しておらず、挿絵や表紙のプロセスもない。いきなり、出現したのである。

すでに述べた「三代大谷鬼次の奴江戸兵衛」を目の前にしたとき、人々は江戸兵衛の視線の先に、三〇〇両を懐にした奴一平の緊張した面持ちを見た（図48）。芝居絵はブロマイドではない。舞台上の一シーンを絵にしたものだ。この浮世絵は一七九四年（寛政六）五月の河原崎座にかかった歌舞伎『恋女房染分手綱』の一シーンで、奴江戸兵衛が金を盗むために奴一平を襲おうとしている緊迫した一瞬である。そのスリリングな一瞬を思い起こすとともに、江戸の

図50「市川鰕蔵の竹村定之進」

人々の脳裏にはこのシーンのまわりに、舞台を包む芝居の劇場全体が浮かび、その劇場を含む芝居町が見え、芝居町を含み込んだ江戸の空間が見えたはずである。顔と身体の表情が持つ「方向性」と、その方向に向けたエネルギーの強さが、私たちに強烈な印象を与えるのである。『恋女房染分手綱』に取材した大首絵は他に、「市川鰕蔵の竹村定之進」（図50）「三代坂東彦三郎の鷺坂左内」「四代岩井半四郎の乳人重の井」「二代市川門之助の伊達与作」「谷村虎蔵の鷲塚八平次」「二代小佐川常世の竹村定之進妻桜木」「岩井喜代太郎の鷺坂左内妻藤波と坂東善次の鷲塚官太夫妻小笹」がある。全て背景が雲母摺りの大判錦絵の大首絵である。

同じ時期に都座で取材した『花菖蒲《はなあやめ》文禄曾我』では、「三代沢村宗十郎の大岸蔵人」「三代佐野川市松の祇園町の白人おなよ」「二代瀬川富三郎の大岸蔵人妻やどり木」「三代坂田半五郎の藤川水右衛門」「二代坂東三津五郎の石井源蔵」「嵐竜蔵の金貸石部金吉」「三代市川八百蔵の

図51 三人の三代瀬川菊之丞　左から東洲斎写楽、歌川豊国、勝川春章作

田辺文蔵」「三代瀬川菊之丞の田辺文蔵妻おしづ」「二代瀬川富三郎の大岸蔵人妻やどり木と中村万世の腰元若草」などが描かれた。

やはり同じ時期に桐座で取材した『敵討乗合話』では、「尾上松助の松下造酒之進」「三代市川高麗蔵の志賀大七」「中山富三郎の宮城野」「四代松本幸四郎の山谷の肴屋五郎兵衛」などの大首絵を制作している。

北斎がほぼ同時期に描いた四代松本幸四郎、市川鰕蔵、三代坂田半五郎と比較しても雲泥の差がある（二〇六ページ）。さらに、三代瀬川菊之丞を他の絵師の描いたものと比較してみると、その違いは明確だ（図51）。右が勝川春章の描いた菊之丞、真ん中が歌川豊国の描いた菊之丞である。それぞれがどこかしら「美人画」の型にはまっていることが分かる。そして左が写楽の描いた菊之丞だ。写楽は「美人画」の型にはまらないからこそ、その存在感の強さが、芝居の中身を彷彿とさせる。

蔦屋重三郎のディレクション

蔦屋重三郎はこの制作に際して、どのような役割を果たしたのだろうか。想像するしかないが、恐らく写楽の芝居好き、芝居を自分の目が見た通りに写し取ろうとするその姿勢に心打たれ、非常に面白がったのではないかと思う。写楽は芝居を、「芝居絵の型」で見てはいなかった。自分が感じた一人一人の役者の迫力に揺さぶられ、それをなんとか絵にして残したい、と思ったのだろう。それは商品として万人に向けて売るためではなく、自分のためであったろう。その「自分のために描く」筆致を見た時に、重三郎のディレクションは一つしかない。「それで良い」ということと、見ているもの、面白いと思った瞬間の役者の表情に、もっとずっと近寄ってみないか、という提案である。全身像ではなく、顔にまなざしをピッタリ当て、「見てとったものを形にしてみないか」という提案である。当然、彫りや摺りをおこなうので、費用はかかる。それは全てこちらで賄うから、下絵だけ描いてくれれば、錦絵に仕上げよう、と言われれば、写楽は好きに描いたものが錦絵に仕上がったらどうなるか、深い関心を寄せたに違いない。

歌舞伎の本質を描く

　この後、第二期と言われる時期に、写楽は大首絵ではなく全身像も描くが、それもまた一瞬の動作の切り取り方に表情があることがわかる。写楽はおそらく、芝居の演目の一つ一つを熟知し、味わい尽くしていたと思われる。中でも、芝居の一場面ではない「都座口上図」は、都座の口上役を務めていた篠塚浦右衛門の口上の時の様子を描いたものだが、肖像画の傑作と言っても良い（図52）。そこには深い敬意がある。

　写楽は浮世絵の素人である。当然、歌麿のような繊細で精密な線は描けない。毛髪も着物も大雑把だ。従って、蔦屋重三郎は彫師と摺師を選ぶときに、大まかな線に合った職人を選んだであろう。しかしそれで良かった。これらの絵を見る人々の視線はそこにはいかない。役者のまなざしや口元の強さに目が惹きつけら

図 52「篠塚浦右衛門の都座口上図」

れる。

その特質が、歌舞伎を見たことのない人や、歌舞伎とは何かを知らない者にまで、「歌舞伎」の本質を指し示すことになった。歌舞伎とはまことに、キャラクターの強さによって成り立つ世界であることを、改めて思い知らされる。歌舞伎は多くを浄瑠璃に依存し、浄瑠璃のストーリーを持ってくるようになったが、しかし写楽の芝居絵は人形浄瑠璃では描けない。人間が、登場人物のキャラクターを化粧や鬘や衣装や表情や身体全体で表現して成り立っているのであった。

山東京伝、喜多川歌麿、東洲斎写楽は、それぞれ全く異なる作家たちだが、蔦屋重三郎はその特性を極限まで引き出したと言えるだろう。編集とは、適当なないまぜではない。まず編集者の脳裏に明確なイメージがあり、それに沿って力を発揮してくれる作家を探し、関わりながら試し、無理なら別《ほか》を当たる。思い描いた作品になるかどうかは、妥協しないことと諦めないことと、そしてもう一つは、人やテーマとの関わりや交叉を作り上げることだ。歌麿の場合は狂歌師たちだった。写楽の場合は役者及び芝居そのものである。

Ⅸ　天明の大飢饉は江戸を変えた

蔦屋重三郎の仕事の現場を見ていると、たいへん華やかな印象がある。吉原も芝居町も大きなお金が動く。天明狂歌も、その書籍化も、余裕のある仕事に見える。しかし江戸時代の江戸は、頻繁に火事に見舞われている。その上、さまざまな規模の飢饉が、天候の不順によって各地に起こっていた。その中で江戸の三大飢饉と言われる飢饉がある。一七三二年（享保一七）から翌年にかけての享保の飢饉、一七八一～八九年（天明元～寛政元）の長期間にわたる天明の飢饉、そして一八三三～三九年（天保四～一〇）の天保の飢饉である。

中でも天明の飢饉は、夏でも寒い異常気象が続き、冷害に見舞われていたその時に、浅間山の大噴火が起きて降灰が冷害に拍車をかけた。諸藩は自らの藩を守るために、他の藩に生産物を移動させない「津留《つどめ》」という政策を実行し、藩同士の助け合いにはならなかった。全国で九〇万人以上の死者が出たと言われ、冷害がひどかった東北地方は特に多くの死者を出した。各地で一揆や打ち壊しが相次ぎ、田沼意次の息子意知の暗殺などは、そのような状況が原因の一つだったと言われている。

当然、米価の高騰もあり、寛政の改革の倹約令は、そのような背景からなされた。松平定信は一七八九年（寛政元）奢侈《しゃし》禁止令を出し、棄捐令《きえんれい》も出した。棄捐令とは、札差《ふださし》に対して債権放棄・債務繰延べをさせ、武士を救済する法令である。さらに緊急時に備えて米を備蓄する囲米《かこいまい》も命じた。危機感が強かったことがわかる。

現在よりも貧富の差が大きかった江戸時代のことだ。死に瀕している人々がいる一方で、江戸にいてほとんど日常生活の変わらない人もいたことだろう。今のようにテレビやインターネットが各地の窮状を伝えてくれるわけでもなく、各藩からの情報が日々入る幕府と人々の危機感には、差があったろうと想像できる。しかしこういう時は、大半の人々は、窮地と平穏との間にいた。生活はできるが、贅沢することには不安を感じたであろう。遊廓からも足は遠のくだろうが、もっと日常生活に定着していた芝居町からも、足は遠のいてしまう。

江戸三座がつぎつぎに休座

実際にそうなった。芝居町では客足が激減したという。三座はいずれも経営難に陥った。

まず一七八九年、森田座が破綻して休座した。一七九三年（寛政五）、地代を滞納した中村座が訴えられて休座となった。再興したばかりの市村座も、また休座となる。これら森田座、中村座、市村座を本櫓《ほんやぐら》という。認可された劇場であることを表す印に、劇場の屋根正面に、座の紋をつけた櫓を掲げたからである。

このように本櫓が休座となった場合、控櫓《ひかえやぐら》が代理をつとめることになっていた。堺町には都座が、葺屋町には桐座が、木挽町には河原崎座が櫓をあげ、江戸三座はそのすべてが控櫓となる事態になったのである。

控櫓とは、座の所有者の経営が困難になった場合に、興行権を譲渡する相手の座元のことである。一七三五年（享保二〇）以降、三座にはそれぞれ控櫓が定められた。本櫓が休座に追い込まれると、年限を切ってその興行権を代行したのである。江戸幕府はあらゆることにおいて「幕府の認可」にこだわった。遊廓も認可したものとしなかったものがある。芝居の座も三座を認可し、そこでは定式幕《じょうしきまく》、廻り舞台、舞台の一部が上下する迫《せ》り、花道を使えたが、それ以外の両国橋あたりで開いている認可されていない小芝居は、それらを使うことが許されなかった。横へ引く三色の定式幕を使えないので、小芝居では幕は緞帳《どんちょう》を使って上下させた。そういうわけで小芝居を緞帳芝居とも言った。

本櫓が休座となった場合、誰に預けても、誰から融資を受けても良いようなものだが、代理する櫓も幕府は認可制にしたので、それぞれの控櫓が決まっていたのである。ただし譲渡されるのは興行権だけである。役者たちは従来通り舞台に上がる。

こうして一七九四年（寛政六）社会全体の不景気を受け、芝居町の堺町には都座が、葺屋町には桐座が、少し離れた木挽町には河原崎座が櫓を上げた。芝居を継続させたい関係者や支持者たちは、それでも劇場に集まり、できるだけ客を呼ぼうとする。

一七九四年五月の河原崎座にかかった歌舞伎『恋女房染分手綱』、都座にかかった『花菖蒲文禄曾我』、桐座にかかった『敵討乗合話』は、たいへんな不景気の中で、すべて控櫓にかかった芝居だったのである。

大量生産の果て

出版も例外ではあり得ない。一七九一年（寛政三）の、蔦屋重三郎と山東京伝の身上半減と手鎖の処分も、思想弾圧だけに理由を求めるわけにはいかない。むしろ飢饉によって引き起こされた極端な生産性の低下や、一揆・打ち壊しの頻発、それによって引き起こされた幕府や武士を中心とする人々の不安と、倹約・引き締めへの動きの結果だった。

江戸時代は戦争がなくなり平和な日常があったからこそ、文化は発展した。しかし同時に、火災や震災や飢饉に対する弱さを抱え込み、それによる経済の変動が社会の不安定に直結している。幕府はそれを、農業生産や商業の動きにのみ委ねることはできなかった。管理しようとした。治世こそ江戸幕府の役割だったからである。

蔦屋重三郎はその渦中にあって、おそらくその構造を理解していた。同時に、人の心がそれで萎縮するものではないことや、むしろ楽しみこそが人を活動的にさせることも理解していた。そうであるなら、身上半減・手鎖事件後に行うべきことは、むしろ今までにないヴィジュアル作品で、人の気持ちを変えることだ、と考えたのではないだろうか。無論それは、購買力にもつながる。人心や社会が落ち込んだ時に、そこに新たなリズムを与えるのは文学や文化の力だった。天明にあって、それを担ったのは天明狂歌だった。狂歌はものの見方を変える役割を担っていた。文化は人を変えられる。そのことを、天明狂歌を経験していた人々は、共有していたに違いない。

蔦屋重三郎は一七九二年（寛政四）から翌年にかけて、喜多川歌麿の大判錦絵「婦人相学十躰」「婦女人相十品」「姿見七人化粧」「琴棋書画」「見立六歌仙」を刊行した。一七九三年（寛政五）には吉原の遊女の八枚揃えを刊行した。さらにその年の八月の吉原俄《にわか》に登場した芸者と、遊女たちと、当時の三美人などを、次々に出す。一七九三年から翌年にかけては、さらに多くの美人画が刊行されている。蔦屋重三郎は、処分を受けた翌年から二年の間に、喜多川歌麿の大判錦絵を、「十躰」「十品」「七人化粧」がその数字に従って制作されたという前提に立てば、約五〇種発行した。次の年からはさらに多くを制作している。

東洲斎写楽の場合の数とスピードは、さらに尋常ではない。写楽の絵は大首絵の第一期、立ち姿の第二期、第三期に分かれる。一七九四年（寛政六）五月の第一期の大首絵は二八種で、全て大判（およそ横二七センチ、縦三九センチ）の雲母摺り、同じ年の七月、八月の第二期の全身像は三八種で大判と細判（およそ横一五・五センチ、縦三三センチ）である。そして顔見世興行がおこなわれた十一月と閏十一月の第三期は六四種にのぼる。細判と間判《あいばん》（およそ横二三・五センチ、縦三三センチ）である。全て同じ年に制作された。十一月と閏十一月は顔見世興行の時期だ。多くの人が集まる。終わってからの刊行では遅いので、事前に演目を知って描くことがある。

その制作数と変化については、先述した松木寛『蔦屋重三郎　江戸芸術の演出者』が見事な分析をしていて、そちらを読んでいただくことをお勧めする。松木氏の詳細な分析からの結論を紹介すると、「第三期の間判大首絵と三種類の相撲絵は、写楽の真作ではなかった」ということになる。

それだけではない。第三期に描かれた桐座の『男山御江戸盤石《おとこやまおえどのいしずえ》』の三枚、「中山富三郎の牛飼お筆」「二世榊山三五郎の関白道長の息女おたへ姫」「中山富三郎のさざ波辰五郎女房おひさ実は貞任妹てりは」について、「ある原型に基づいて、それをコピーあるいはアレンジしただけという、安易な制作方法で作られた実態を暴露している。……我々はこれらの例によって第三期の写楽がどれだけ創作意欲を喪失していたかを、はっきりと認識することができるのである」と、明確に書いているのだ。

第三期の作品が全て真作ではない、と言っているわけではなく、実際の舞台を見る前に、勝川派の役者絵を模倣しながら描いた可能性がある、ということになる。そしてその中に、他の絵師に手伝わせたものも紛れている、という推測になる。絵の丁寧な分析によるこの論を、私はこの当時の状況から考えても、事実に近いのではないか、と考えている。つまりは、蔦屋重三郎による「短期間の大量生産」の指示に従った結果である。

重三郎は、それまでの勝川派の役者絵とは異なる視点を持つ役者絵を、大首絵を中心に制作したかった。イメージも明確に持っていた。だからこそ、写楽というアマチュアの天才に出会えた。写楽にディレクションもしつつ、自在にその能力を発揮させた。

しかし、その後にやってきた量とスピードの洪水に、写楽は耐えられなかったのではないだろうか。浮世絵は写楽の仕事ではない。その道で食べていこうとも思っていない。好きな役者絵が存分に描けて、それが錦絵に摺られることが、写楽の喜びだったのだろう。しかし過酷な注文が次々に来る。「一体何をやっているのだろう」と、自分への疑問が膨れ上がる。ついに、芝居そのものを見る意欲さえ失われる。

喜多川歌麿の場合はプロフェッショナルだ。何よりも蔦屋重三郎とは、その前に築いていた狂歌絵本での信頼関係があった。また、「美人画」の型を大きく逸脱しているとは言えないので、重三郎の量とスピードの過酷な要求によく応えた。市井の女性たちも遊女たちも、歌麿は実際に会いに行ったかどうか、浮世絵だけでは判断できない。写楽の場合は、実際に舞台を見たかどうかが、重要な分かれ目になった。松木寛氏が分析してみせたように、絵から、役者を舞台上で見たかどうかが、あるていど分かるくらいリアルである。プロであるなら、自分が当初描いたその方法で「型」を作ってしまい、それらしいものを量産するための工房体制を構築して、弟子たちに描かせることもできたかもしれない。しかし写楽はそういうことを、必要とはしていなかった。

北斎のように自分のペースで実験を重ね、版元を替えながら長く描き続けていく人もいる。しかし写楽は芝居が好きだったのであって、絵が好きだったわけではないのであろう。「写楽的なるもの」は、型からはみ出したサブカルチャーとしてのみ、生きたのであった。

蔦屋重三郎に欠けていた視点

つまり、吉原遊廓や遊女の編集においても、写楽の第三期の大量生産要求においても、蔦屋重三郎に欠けていた視点があった。それは、作品を担うのは「生身の人間である」という観点である。この観点は、人間を社会的役割としてのみ見てしまう社会全体の問題だ。人権思想が広がっていくと、そこに「労働」という概念が入り、「生身の人間」の観点から労働には制約が加えられる。さらに、労働から外れた行動についても人権の侵害という観点から、法に訴えることができる。しかしそれなら、現代社会においては人権問題が起きそうもないが、今でも年中起きている。戦争の当事者となると、その想像力を持つこと自体が不可能になる。それだけ「生身の人間」への想像力を持つことは、難しいのである。

もし重三郎がその想像力までもっていたら、写楽はもっと長く活躍し、傑作を残したかも知れない。もし社会全体がその想像力をもっていたら、吉原遊廓は遊女を借金のかたとして売春させるのではなく、また女性だけが担うのでもなく、現代で言えば芸能人や芸術家やクリエイターや詩人としてごくあたり前に雇用し、日本文化をさらに幾重にもサブカルチャー化して共に創造し、文化の発信地として世界に名を馳《は》せていたかも知れない。

その後の蔦屋重三郎

蔦屋重三郎は写楽が姿を消してから約二年半後、一七九七年（寛政九）に亡くなった。この間にも、注目すべき刊行をおこなっている。

例えば一七九五年（寛政七）、大坂の博物学者、木村蒹葭堂《けんかどう》の書いた『一角纂考《いっかくさんこう》』を出している。これは京都の版元・林伊兵衛と、江戸の池之端の須原屋伊八との共同出版だ。

木村蒹葭堂はこの論文で、「一角」を薬効（解毒）をもつ角として説明する中国の文献や、単に獣の角とする日本の文献、伝説のユニコーンとの関連を伝える西欧の説など、多くの本草書物を参考にした。これはイッカクの実態を突き止めるために書かれた専門的な論文なのである。蒹葭堂は最後に諸説をすべてしりぞけ、一七四六年にハンブルグで刊行され、一七五〇年にアムステルダムでも刊行された、ヨアン・アンドルソンの『スタラトダヒスおよびクルンランデヤ・エイスラント三国の地誌』による説を採った。アンドルソンは、イッカクが、鯨の一種ナルワルの牙のことだと結論した。イッカクについてのこの説は、現在ではこのとおりのものとして定着している(『物のイメージ・本草と博物学への招待』一九九四年、朝日新聞社刊所収田中優子「本草学の周辺—木村蒹葭堂」に詳述)。分からないのは、なぜ蔦屋重三郎が蒹葭堂の論文の刊行に協力をしたか、である。売れないに決まっているからだ。

木村蒹葭堂はこの時代、知る人ぞ知る文人であり本草学者で収集家だった。酒造業を営む商人で、寛政の改革では酒造統制違反で罰を受けている。さらに約九万人に上る人が自宅兼仕事場を訪れ、それを全て記録した『蒹葭堂日記』がある。その交友関係は上田秋成、本居宣長、伊藤若冲、円山応挙、与謝蕪村、頼山陽など、非常に広範囲にわたっている。

大田南畝も木村蒹葭堂宅を訪れた一人であった。『蒹葭堂日記』によれば、それは『一角纂考』刊行の六年も後の一八〇一年(享和元)で、重三郎はすでに亡くなっている。それでも、重三郎が何らかの依頼を受けて刊行したとすると、やはり依頼者は南畝しかあり得ない。南畝はまだ会っていないにしても、蒹葭堂を知り、酒造統制違反後で、刊行に漕ぎ着けないでいる窮状を重三郎に訴えたかも知れない。だとすると、寛政の改革でさまざまな目に遭った人々が、その後互いに協力し合っていたことになる。

もう一つこのことから分かるのは、蔦屋重三郎が地本問屋（絵草紙屋）の株（営業権）だけでなく、書物問屋の株ももっていたことだ。一緒に出しているのが書物問屋の須原屋である。持っていなければ合同で刊行はできない。重三郎が亡くなった後の一八〇八年（文化五）の記録では、書物問屋仲間の「仲通組」に「耕書堂蔦屋重三郎」の名前が見え、地本問屋仲間にも「蔦屋重三郎」の名前が見える（鈴木敏夫『江戸の本屋（下）』一九八〇年、中央公論社）。蔦屋重三郎は一七八〇年（安永九）から、手習いで使う往来物（手習いの教科書）である『商売往来』『耕作往来』を出している。一七八二年（天明二）には、往来物を四種と、観世流謡本を出している。早くから、書物問屋株も取得していたのである。最近の研究では、原八千代氏が「江戸の実用書「小謡本」の編集――鱗形屋・蔦屋の事例を通して」（『出版研究』五十二号、二〇二一年）で、鱗形屋が、謡《うたい》の一部を収録した「小謡本」を元禄時代からずっと刊行し続けていたことと、蔦屋重三郎が一七八三年（天明三）にそれを手習いにおける教科書用にイラスト入りの『童宝小諷揃千秋楽』として出していることを、明らかにした。謡は子供たちの教科書でもあったのだ。

十返舎一九と曲亭馬琴の出現

その後の蔦屋重三郎の刊行物で注目すべきなのは、十返舎一九と曲亭馬琴の出現である。一九は一七九四年（寛政六）から耕書堂で、浮世絵の紙のどうさ引きなどの雑用をしながら寄宿していた。一七九五年（寛政七）に黄表紙『心学時計草』を耕書堂で刊行している。その翌年は『化物小遣帳』『化物年中行状記』『怪談筆始』などの化け物シリーズを出している。『東海道中膝栗毛』が刊行されるのは七年も後のことで、重三郎はすでに亡くなっているが、江戸における居場所があったことで、十返舎一九は作家になることができた。

曲亭馬琴は一七九二年（寛政四）から耕書堂で番頭として働いていた。その後、婿入りして耕書堂からはいなくなるが、一七九六年（寛政八）、耕書堂から読本『高尾《たかお》舩字文《せんじもん》』を刊行し作家となった。一七九七年（寛政九）年、蔦屋重三郎が亡くなる。この年も、山東京伝と曲亭馬琴は黄表紙を複数刊行している。吉原細見は相変わらず刊行され、往来物も、狂歌俳諧の本も、日常的に刊行され続けた。

一八〇二年（享和二）、葛飾北斎は『画本東都遊』で、耕書堂を描いた（図1）。

X　編集ということ

蔦屋重三郎、自ら登場

蔦屋重三郎は、この時代の作品に何回か顔を出している。一七八〇年（安永九）刊の『伊達模様・見立蓬萊』、一七八二年（天明二）刊の朋誠堂喜三二作『恒例形間違曾我』、一七八四年（天明四）刊の恋川春町作『吉原大通会』（図34）、一七八七年（天明七）刊の朋誠堂喜三二作『亀山人家妖《きさんじんいえのばけもの》』（図53）、一七九一年（寛政三）刊の山東京伝作『箱入娘面屋人魚』（図32）、一七九三年（寛政五）刊の山東京伝作『堪忍袋緒〆善玉《かんにんぶくろおじめのぜんだま》』、一七九七（寛政九）年刊の蔦唐丸作『身体開帳略縁起』である。いずれも着物に蔦の紋があるので、それとわかる。

『吉原大通会』についてはすでに詳しく述べた。そこでは、蔦屋重三郎は狂歌師たちに執筆依頼をしていた。『亀山人家妖』でも、蔦屋重三郎は新作の注文に来ている。朋誠堂喜三二は実社会では秋田藩士であり、秋田藩留守居役の平沢常富であることは、すでにご案内のとおりだ

図53『亀山人家妖』

が、作家でもあった。

作家として重三郎から依頼された新作の化け物話の趣向にさまざま工夫をこらしながら、喜三二さんはつい居眠りをしてしまった。その夢のなかに三人の登場人物が出てきて、夢を見ている本人も登場し、四人で趣向の相談をする。三人とは、心の友の亀山人さん、狂歌師の手柄岡持さん、吉原細見の序文ライターで有名なほうせい堂さんである。手柄岡持さんが「はやりのかいらんしょくなどの案じはあるまいか」と言う。かいらんしょくとは皆既日食のこと。当時、話題になっていた。「あれでやってみたらどうか」と言うのである。「しょせん本物の化け物を書いてはダメだ」とも助言する。いろいろ話しているうちに、「岡持が朋誠堂か、喜三二が亀山人か、ときくもきまぐれ」となりながらも「いやそこは何とか方法がありそうだ」などと、まだ相談は続く。

名前から分かるように、この四人はすべて朋誠堂喜三二本人である。夢に出てくる三人がアバターなのか、それとも主人公も含めて四人がアバターなのか？　はっきり分かるのは、彼（彼ら？）が意識的、意図的に自分を名前によって分岐させ、活躍の場を使い分けていることである。それを周囲もわかっており、それじたいを本人も版元も商品化している。蔦屋重三郎は一人の作家と向き合いながら、実は四人に依頼しているようなものだった。

『堪忍袋緒〆善玉』では、一七九〇年（寛政二）の黄表紙『心学早染艸《しんがくはやそめくさ》』（大和田安右衛門刊）と一七九一年（寛政三）の黄表紙『人間一生胸算用』（蔦屋重三郎刊）が「幸にして、すこぶる世に行はる」、つまりとても売れて流行ったので、「味を食ひしめたる本屋の何がし、この頃又、三編の作を求む」という。この二作で山東京伝は石門《せきもん》心学（石田梅岩が開いた道徳教）の善悪の教えを戯画化して「善玉」「悪玉」を人間のように描いて登場させ、人が真面目に倹約して生きようとする時は善玉に導かれていて、遊廓に出入りし贅沢をするときは悪玉に陥れられている、という物語を作ったのだ。儒学も仏教もそういう考えは持っていなかった。心を外部に置いて造形化するのは、むしろキリスト教の天使と悪魔のようだが、庶民には実にわかりやすく、自責の念から解放され、生活上の話題としても冗談を交えて語りやすい。石門心学はそこを突いた。その流行もあって、山東京伝は黄表紙に取り入れたわけだが、これは大ヒットし、後には歌舞伎舞踊や北斎の絵にも取り入れられたのである。

ところでこの三作目を頼みに来た「本屋の何がし」は挿絵に描いてあるので、蔦屋重三郎と知れる。場所は京伝の仕事場。浮世絵師としての絵の道具や紙類が壺に入れてあり、本箱を背にして、子供の時から使い続けている机で本を広げている。妻のお菊（扇屋の遊女・菊園だった人）が重三郎に茶を出している。書斎の名称として「菊軒」という額が掲げられている。

重三郎の依頼に対して山東京伝は「二番煎じの茶表紙は、言葉の花が薄くして人の酌《くみ》取る事あるまじ」と断る。しかし重三郎は引っ込まない。「昨日の見物は今日の見物にあらず」と、たびたびはやる歌舞伎の演目を挙げ「幾度《いくたび》しても大当りせしなり」と説得。「たとえ足を揩子木にして、声をからし味噌にするとも」依頼し続ける、と言う。それに続けて「明日、暮六つの鐘を合図に小僧を」よこすと言っている。依頼して次の日の夜には原稿を受け取りに来る、と言う意味か？　すごいスピード感だ。最後に釘を刺す。「偽《にせ》作は受け取りません！」

蔦屋重三郎が手がけた編集と出版、そしてこれらの「登場」から見える、作者をなんとか説得しようとする熱意から、蔦屋重三郎が自らの編集意図を明確に持ち、そこに向かって、時には危険も顧みず、日夜まっしぐらに進んでいたことが見えてくる。

蔦屋重三郎の視線

「編集」とは、単にあちこちにある文言をつなぎ合わせることではない。単に、売れることだけを計算して企画することでもない。第一に、重三郎は「何を世に出したいか」がはっきりしていた。

編集者は自分が何を見たいか、何を読みたいか、の視線が明確でなければならない。私はこのことを、一九七〇年代から一九八〇年代に、松岡正剛の仕事から学んだ。松岡正剛が編集した『遊』（工作舎）という総合誌は、巷にある社会事象や書籍情報や評論家の言葉を総合したわけではない。人文・社会・自然という、大学にあるような分野を総合したわけでもない。「存在」「生命」「形態」等々、考えたいことに焦点を当てたとき、何をそこに持ち込むか、自ずと決まってくる。そこで結果的に、宇宙の動きや植物の世界や物理学や文学や美術が集まってくる。集まるには磁場がなくてはならないが、その強烈な磁場が、編集者の持つ関心という「視線」であり、集まる範囲の広さが、編集者の読書量がもたらす「視野の広さ」である。

しかしその視線は思想ではない。姿勢でもない。〜主義をはじめとするいわゆる思想に自分を押し込めると、とても狭くなる。姿勢を問うことになると、人としての立ち位置が狭くなる。その範囲にいると、それ以外のものが見えなくなる。

視線は、何かに焦点を当てているが、その周囲は茫漠と広がっていて、外から意外なものが飛び込んできたり、音に気づいて振り返ったり、皮膚に何かが触れてそちらの方を見たりする。

そこで別の発想がはじける。編集とはそのような柔軟性と開放性を持った「強烈な視線」なのである。

一九八〇年代に出された松岡正剛編集の『アート・ジャパネスク』シリーズ（講談社）では、松岡はその脳裏にある視線をもって、カメラマンたちにディレクションしている。美術品や建築物や書籍にギリギリまで迫ってクローズアップした時、その作品が別のものに見えてくる。私はこれによって、江戸美術や書籍について多くを感得した。通常の美術全集ではある程度の距離から作品の全体を写す。しかし人間には関心というものがあり、注目という行動がある。松岡は写真家にそれを求めた。ここには「ディレクション」という、編集者の重要な行動がある。しかしそれを成し遂げるには、編集者に「自分が見ているもの」「自分が見たいもの」がなくてはならない。同時に、自分の視野と思想にこだわっていても、自分という範囲を抜け出せない。自分の理念、視線、視野がありながら、外からくるものに敏感に反応し、それを「良い」と思えば融合することで広げる。

人間は時代の価値観の「型」にはまり、物事をそこからしか見なくなってしまうが、編集能力はそれをほぐし、反対側からも横からも見る行動を可能にする。編集とはそれほど人間にとって重要な能力なのである。

蔦屋重三郎は、狂歌というカルチャーを江戸文化に仕上げた。実際には大田南畝（四方赤良・蜀山人）が率いた運動だったが、それが運動にとどまらず日本文化として残ったのは、蔦屋重三郎がそこに注視し、編集し出版したからである。

　喜多川歌麿の浮世絵によって、平安時代の文化を江戸文化の浮世絵の中に持ち込み、江戸文化の質を高めたのも、蔦屋重三郎だった。その浮世絵の技術は、やはり平安文化を基礎に据えた吉原遊廓を中心とする美人画を生み出した。

　もっとも重三郎の特質がはっきり出たのが、写楽の発見である。北斎を採用しなかったことから分かるように、重三郎の脳裏には、芝居において見るべきものが見えていた。その視線をもって写楽ならディレクションできた。「型」を破るのは、並大抵のことではない。「これが型破りだ」などと、前もって分かるものではない。やりながら発見していくのである。重三郎も、写楽をディレクションしながら、発見していたのであろう。

　そう考えると、編集には未来がある、とわかる。蔦屋重三郎は行動しながら発見していった。編集や出版は決して、いつも企図通りになるものではないが、時には、歌麿の大首絵や写楽の芝居絵がそうだったように、窮地が編集者に新たな発見をもたらす。必死が強烈な視点を動かす。それは他のどのような仕事も同じであろう。現代に生きる私たちもまた、自らの視点と広々とした視野をもちつつ、多様な才能と組んでいけば、新たなサブカルチャーを開拓していける。

　蔦屋重三郎の視線を、最後に挙げておこう。喜多川歌麿の春画「歌まくら」一二枚組の一〇

図54「歌まくら」より「茶屋の二階座敷の男女」

番目に描かれた「茶屋の二階座敷の男女」はよく知られた名画だ。一九九五年に開催された大英博物館の喜多川歌麿展の図録には、この春画が表紙に使われた（図54）。

女性の髪の向こう側から覗く男性の眼は、口付けしながらしっかり何かを見ている。持っている扇には「蛤《はまぐり》にはし《嘴》をしっかとはさまれて鴫《しぎ》立ちかぬる秋の夕ぐれ　飯盛」と書かれている。狂歌は宿屋飯盛（国学者・石川雅望）のものだが、着物には蔦屋の家紋がはっきり見える。この人が蔦屋重三郎なのだ。何やかやの関わりの中で身動き取れそうもなくとも、重三郎のまなざしはこの世を鋭くみつめている。私たちはいつでも、この蔦屋重三郎のまなざしに出会うことができる。この開け放たれた二階座敷で。

おわりに

蔦屋重三郎が何をどう編集したのか。その全体を見てきた。ほんとうは一冊一冊の本の中、一枚一枚の浮世絵の細部に分け入って、とことん案内したかった。そのために大量の図版も用意した。しかし紙数の制限で、その多くを削除せねばならなかったのは、とても残念だ。

しかしこれも「編集」ということの、ひとつの側面である。つまり、あまりに細部にわたる案内に読む方々が疲れて退屈し、ことの本質をとらえそこなうのであれば、それは編集の失敗なのである。蔦屋重三郎が江戸文化を編集する手際は、その知識に人々を導くことではなく、その核心に触れてもらい、楽しみ、それぞれの創造力に火をつけることだったのではないか、と思っている。

蔦屋重三郎は自分の富と名声や、耕書堂の継続のために編集したのではない。江戸文化の活気に人が集まり、連を形成し、互いの関わりの中で、さらなる創造がなされる。そういう場を作り出すために、編集したのである。つまり本の編集や浮世絵の企画は目的ではなく、さらに大きなヴィジョンのための方法だったのではないか。そのヴィジョンとは、江戸文化そのものの創出である。

むろんその前に江戸文化がなかったわけではない。しかし初期の江戸を支えていた文化は、主に上方文化の移入であり模倣であった。その後江戸は京都とも大坂とも、その他の城下町とも、全く異なる都市になっていった。世界最大の人口を擁する消費都市で、武士がその人口の半分を占める、という実に特殊な場所になったのだ。さらに、江戸に暮らす武士、商人、職人、遊女たちは、出身地も言葉もばらばらだった。そこに外国人たちも入ってきていた。いわば「移民都市」である。江戸は、その特殊性に見合った文化が生まれて当然なのである。

移民都市の多様性をもちながらそこに共有の場をもつとしたら、何が必要か？　それは「技術《わざ》」と「型」である。古代から中世、そして江戸時代までに、徐々に作り出され受け渡されてきた技術《わざ》と型だ。技術《わざ》も型も、「はまる」ためにあるのではない。「使いこなす」ためにある。蔦屋重三郎の編集を見ていると、技術《わざ》と型にはまることを回避しながら、使いこなしている。使いこなすためには、知らねばならない。貴族でも上級武士でもない庶民が伝統文化を知るためには、遊廓は絶好の場所だったろう。遊女は伝統文化を日夜修業し、客たちは伝統文化と古典の教養をたずさえてやって来るからである。蔦屋重三郎が吉原で生まれ育ったことには、大きな意味があったのだ。

蔦屋重三郎は二〇二五年、NHK大河ドラマの主人公になるという。戦国時代か幕末維新など、争乱が中心だった大河ドラマが、戦争のない江戸時代中期を舞台にするのは多くはない。さらに、将軍でも幕臣でも作家でも絵師でもなく、版元であり編集者なのだから、前代未聞のことだ。どういうドラマになるのか皆目知らないので、本書は、それとは無関係に関心のおもむくままに書いた。

ドラマでは遊廓のありようを充分に表現することは不可能だろう。遊女たちと伝統文化との関係がわかるようにするのは、なおさら難しいだろう。江戸が移民都市であることを表現するのも困難だろうし、狂歌連の様子や狂詩、狂文といった、「正」に対する「狂」、つまりサブカルや笑いの活気をドラマにすることは至難の業だろう。もっと難しいのはアバターだ。江戸文化は、アバターが飛び回っている世界だ。しかしこれは目に見えない。見えるのは、人間の個体だけだ。しかしその個体の中と、個体の外のネットワークに、アバターが動いて文化を創っている。その様子は、創られたものの中に入らなければ見えて来ない。江戸文化は書籍でも物でも、創造されたものの只中に入っていくことで、初めてその本質が見えてくるのである。その中で、江戸時代の人に出会う。この本を手に取ってくださったことを契機にして、ぜひ江戸文化の世界に入って、彼らと出会っていただきたい。

とは言いながら、本書をこの時期に出すことができたのは、蔦屋重三郎がNHKの大河ドラマになるので刊行したい、という出版社の要望があったからだ。私は蔦屋重三郎や狂歌連や山東京伝についてさまざまな媒体で書いてきたが、単行本としてそれをまとめるきっかけがなかった。学部長や総長を歴任し、ようやく退職したが引き続き親の介護があり、という日々が終わったタイミングで、この機会を与えてくださった文藝春秋と前島篤志さん、池内真由さんに深く感謝したい。

本書を書き終わったころ、私にとってたいへん悲しい出来事があった。編集工学研究所所長で編集工学者の松岡正剛さんとの、三冊目の対談本『昭和問答』（岩波新書）の最終校正が終わり、あとがきを書くことになった。松岡さんと会って話し、それぞれあとがきを書いた。そのわずか数日後、松岡さんは逝った。

本書にも何ヶ所かで、私は松岡さんのことを書いている。なぜなら「編集とは何か」について目を開かれたのは、松岡さんのそばにいたからだった。編集の究極がディレクション、つまり方向を指し示し、ヴィジョンを見せることである、という認識をもつことができたのは、松岡さんがそういう仕事をしてきたからである。松岡さんは、人間だれもが持つ編集能力は単なる知識や固定的な思想より重要なものだ、という価値観を持ち、その編集力を拓く方法を一貫して築いてきた。その方法を伝える私塾「イシス編集学校」は、学校システムの外で今でも日々、個々人の編集能力を拓き、導いている。蔦屋重三郎を書くことができたのは、松岡正剛さんがいたからである。

本書を、故・松岡正剛氏に捧げたい。

蔦屋重三郎　関連年表

（本人以外の重要事項はゴシック体で表記）

年（西暦）	年齢	事項
寛延三年（1750）	0	蔦屋重三郎が生まれる。父は丸山重助で母は津与 **前年に大田南畝が生まれる**
宝暦三年（1753）	3	**喜多川歌麿が生まれる**
宝暦七年（1757）	7	前年に母が家を出る。喜多川氏の養子になる
宝暦十年（1760）	10	**葛飾北斎が生まれる**
宝暦十一年（1761）	11	**山東京伝が生まれる**
明和二年（1765）	15	**カラーの浮世絵「錦絵」が開発される**
明和七年（1770）	20	**北川勇助（喜多川歌麿）、鳥山石燕の弟子として「石要」を名乗り活動を始める（後に北川豊章）**
安永二年（1773）	23	新吉原大門口五十間道に貸本、小売りの書店を開く 洒落本『当世風俗通』（朋誠堂喜三二作）刊行
安永三年（1774）	24	吉原細見の改め『細見鳴呼御江戸』（序文は平賀源内）にた

		ずさわる
安永四年（１７７５）	25	初めて蔦屋の名で見立て評判記『一目千本』を刊行 『青楼花色寄』、蔦屋の名で初めての吉原細見『籬の花』を刊行 **正月に鱗形屋が黄表紙『金々先生栄花夢』（恋川春町作・画）刊行／京伝、北尾重政に浮世絵を学ぶ（画号・北尾政演）／吉原の祭「俄」が再開される**
安永五年（１７７６）	26	多色摺絵本『青楼美人合姿鏡』刊行 **平賀源内がエレキテル（静電気発生機）を修理・復元**
安永六年（１７７７）	27	『明月余情』、『手毎の清水』、洒落本『娼妃地理記』を刊行
安永九年（１７８０）	30	朋誠堂喜三二の黄表紙を刊行 南畝（狂歌名・四方赤良）の『虚言八百万八伝』を刊行
天明元年（１７８１）	31	蔦屋が南畝の家を訪ねる 黄表紙『身貌大通神略縁起』を刊行。**同書の挿絵で北川豊章が初めて「歌麿」を名乗る**

天明二年（1782）	32	**京伝、蔦屋方で南畝、恋川春町、唐来参和らと会し吉原で遊ぶ。この年以降、山東京伝と称する**
天明三年（1783）	33	日本橋通油町に進出し、「耕書堂」を開く 『燈籠番附　青楼夜のにしき』（歌麿画）、『通詩選笑知』（四方赤良編）を刊行
天明四年（1784）	34	『吉原傾城新美人合自筆鏡』（北尾政演画）、『通詩選』（四方赤良編選）刊行 **田沼意知暗殺**
天明五年（1785）	35	黄表紙『江戸生艶気樺焼』、洒落本『息子部屋』（ともに京伝作）のほか、『故混馬鹿集』、『狂歌百鬼夜狂』、『夷歌連中双六』などの狂歌集を続々刊行
天明六年（1786）	36	洒落本『客衆肝照子』（京伝作）、狂歌絵本『吾妻曲狂歌文庫』（宿屋飯盛編、北尾政演画）、歌麿の最初の絵入狂歌本『絵本江戸爵』を刊行
天明七年（1787）	37	洒落本『通言総籬』（京伝作）、絵入狂歌本『絵本詞の花』

		（歌麿画）、狂歌集『狂歌才蔵集』（四方赤良編）、『古今狂歌袋』（宿屋飯盛編、北尾政演画）刊行 **松平定信が老中筆頭となり、寛政の改革はじまる**
天明八年（1788）	38	洒落本『傾城觿』（京伝作）、絵入狂歌本『画本虫撰』（歌麿画）刊行 **歌麿、春画「歌まくら」を刊行。版元は蔦屋とされる** **朋誠堂喜三二が寛政の改革を風刺した黄表紙『文武二道万石通』で秋田藩より止筆を命じられる／田沼意次死去**
寛政元年（1789）	39	『潮干のつと』（歌麿画）を刊行 **天明の飢饉の中で、松平定信が奢侈禁止令等を出す** **京伝、黄表紙『黒白水鏡』で画工・北尾政演として罰金刑を科せられる** **恋川春町（駿河小島藩士・倉橋格）が黄表紙『鸚鵡返文武二道』（版元は蔦屋）で松平定信に召喚される。春町は応じず死去。自害とも伝えられる**
寛政二年（1790）	40	意匠図案のパロディ『小紋雅話』、洒落本『傾城買四十八手』

		（すべて京伝作）を刊行
		曲亭馬琴が山東京伝に入門し弟子となる
寛政三年（1791）	41	黄表紙『箱入娘面屋人魚』を蔦屋の口上を添えて刊行するも、洒落本『娼妓絹籭』、『仕懸文庫』、『青楼昼之世界錦之裏』（すべて京伝作）が摘発される。蔦屋重三郎は身上半減、京伝は手鎖五〇日の刑を受ける。
		京伝は洒落本の筆を折る
寛政四年（1792）	42	**曲亭馬琴が蔦屋重三郎の番頭として働き始める**
寛政四〜五年（1792〜1793）	42〜43	版元として歌麿による「婦女人相十品」、「婦人相学十躰」など「美人大首絵」を次々と世に出す
寛政六〜七年（1794〜1795）	44〜45	東洲斎写楽による役者絵を刊行
		十返舎一九が寄宿を始め、黄表紙『心学時計草』を刊行
寛政九年（1797）	47	脚気により没する
文久元年（1861）	―	**蔦屋耕書堂廃業**

蔦屋重三郎の刊行物（一部）

スマートフォンでQRコードを読み込んでいただくと、作品をお楽しみいただけます。

『一日千本　華すまひ』

本書59頁　出典：国書データベース、大阪大学附属図書館所蔵

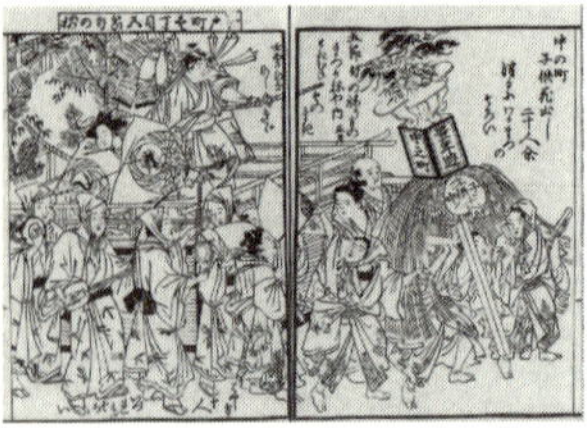

『明月余情』

本書71、73頁　出典：ARC古典籍ポータルデータベース、シカゴ美術館所蔵

『青楼美人合姿鏡』

本書 77 頁　出典：文化遺産オンライン、東京国立博物館所蔵

『吉原傾城新美人合自筆鏡』

本書 81 頁　出典：文化遺産オンライン、東京国立博物館所蔵

『画本虫撰』

本書 176 頁　出典：国書データベース、国文学研究資料館所蔵

田中優子（たなか ゆうこ）

1952年、神奈川県横浜市生まれ。法政大学社会学部教授、同大学総長などを経て、同大学名誉教授、同大学江戸東京研究センター特任教授。専門は日本近世文学、江戸文化、アジア比較文化。著書に『江戸の想像力』（ちくま学芸文庫）、『江戸百夢』（ちくま文庫）、『遊廓と日本人』（講談社現代新書）、松岡正剛との共著『日本問答』『江戸問答』『昭和問答』（すべて岩波新書）など多数。

文春新書

1472

蔦屋《つたや》重三郎《じゅうざぶろう》　江戸《えど》を編集《へんしゅう》した男《おとこ》

2024年10月20日　第1刷発行

著　者　　田中優子
発行者　　大松芳男
発行所　　株式会社 文藝春秋

〒102-8008　東京都千代田区紀尾井町3-23
電話（03）3265-1211（代表）

印刷所　　理想社
付物印刷　大日本印刷
製本所　　加藤製本

定価はカバーに表示してあります。
万一、落丁・乱丁の場合は小社製作部宛お送り下さい。
送料小社負担でお取替え致します。

ISBN978-4-16-661472-1

文春新書のロングセラー

磯田道史
磯田道史と日本史を語ろう

日本史を語らせたら当代一！　磯田道史が、半藤一利、阿川佐和子、養老孟司ほか、各界の「達人」を招き、歴史のウラオモテを縦横に語り尽くす

1438

エマニュエル・トッド　大野 舞訳
第三次世界大戦はもう始まっている

ウクライナを武装化してロシアと戦う米国によって、この危機は「世界大戦化」している。各国の思惑と誤算から戦争の帰趨を考える

1367

阿川佐和子
話す力
心をつかむ44のヒント

初対面の時の会話は？　どう場を和ませる？　話題を変えるには？　週刊文春で30年対談連載するアガワが伝授する「話す力」の極意

1435

牧田善二
認知症にならない１００まで生きる食事術

認知症になるには20年を要する。つまり、30歳を過ぎたら食事に注意する必要がある。認知症を防ぐ日々の食事のノウハウを詳細に伝授する！

1418

橘 玲
テクノ・リバタリアン
世界を変える唯一の思想

とてつもない富を持つ、とてつもなく賢い人々が蝟集するシリコンバレー。「究極の自由」を求める彼らは世界秩序をどう変えるのか？

1446